W9-BCO-711

Oetinger

Paul Maar, 1937 in Schweinfurt geboren, ist einer der erfolgreichsten deutschen Kinder- und Jugendbuchautoren, zugleich virtuoser Wortkünstler und phantasievoller Erzähler. Zu seinen beliebtesten Figuren gehört das Sams, das in Büchern und Filmen sein Publikum begeistert und wie sein Erfinder im oberfränkischen Bamberg lebt. Aber auch Kinderhelden wie Lippel, Herr Bello und das kleine Känguru wurden von Paul Maar erschaffen. Der Autor hat viele bedeutende literarische Ehren erhalten, u. a. den Deutschen Jugendliteraturpreis für sein Gesamtwerk, den Friedrich-Rückert-Preis und den E.T.A.-Hoffmann-Preis.

Nina Dulleck, 1975 geboren, ist Kinderbuchautorin und -illustratorin. Sie lebt in Rheinhessen in direkter Nachbarschaft zu einem Tiger, zwei Minischweinen, fünf Eseln, acht Katzen, 27 Hühnern und gefühlten tausend Pferden. Zusammen mit ihrem Mann hütet sie eine wilde Meute von drei Kindern, wenn sie sich nicht gerade Geschichten in Wort und Bild ausdenkt.

Das Sams feiert Weihnachten

Illustrationen von Nina Dulleck

Verlag Friedrich Oetinger • Hamburg

Alles vom Sams

Eine Woche voller Samstage
Am Samstag kam das Sams zurück
Neue Punkte für das Sams
Ein Sams für Martin Taschenbier
Sams in Gefahr
Onkel Alwin und das Sams
Sams im Glück
Ein Sams zu viel
Das Sams feiert Weihnachten

Text und Idee: Paul Maar
Einband und Innenillustrationen: Nina Dulleck
Satz: Arnold & Domnick GbR, Leipzig
Druck und Bindung: PNB Print Ltd., "Jāņsili", Silakrogs,
Ropažu novads, LV-2133, Lettland
ISBN 978-3-7891-0816-7

www.oetinger.de
www.dassams.de

Inhalt

Ein Vorwort

Nachdem ich mal wieder in den ersten drei Sams-Bänden geblättert hatte, wo Herr Taschenbier noch als Untermieter bei Frau Rotkohl wohnt, ist mir aufgefallen, dass in diesen Büchern immer nur die Sonne scheint.

Im Sams-Film haben wir es zwar einmal regnen lassen, aber ansonsten herrschte auch hier ewiger Sommer.

Ich bekam Lust, Herrn Taschenbier und sein Sams mal im Winter mit allen üblichen deutschen Wetterlagen zu zeigen. Mal regnet es in Strömen, dann wieder schneit es, und die beiden können durch tiefen Schnee stapfen, mal gibt es Frost, mal Schneematsch.

So ist diese Wintergeschichte entstanden. Und als Höhepunkt des Winters durfte natürlich das Weihnachtsfest nicht fehlen.

Sams-Buch-Freunde und langjährige Sams-Kenner werden sich (und mich) jetzt bestimmt fragen: Und zu welchem Zeitpunkt spielt diese neue Geschichte?

Da kann ich nur antworten: Das weiß ich selber nicht

genau. Vielleicht im ersten Drittel des dritten Bandes. In der Zeit, als das Sams keine Wunschpunkte mehr hatte und Herr Taschenbier noch nicht um Mitternacht aufs Hausdach gestiegen war, um neue Punkte zu bekommen.

Für alle, die zum ersten Mal ein Sams-Buch lesen, muss ich vielleicht kurz erzählen, wie die Geschichte begann.

Herr Taschenbier war ein schüchterner und ziemlich ängstlicher Mensch. Das änderte sich, als an einem Samstag ein freches Sams zu ihm kam und sein geregeltes Leben völlig auf den Kopf stellte. Es blieb bei ihm und nannte ihn »Papa Taschenbier«.

Das Sams sorgte dafür, dass er mutiger und weniger ängstlich wurde. Vielleicht waren daran auch ein bisschen die blauen Punkte im Sams-Gesicht schuld. Es waren nämlich Wunschpunkte, mit denen sich Taschenbier Wünsche erfüllen durfte.

Er hatte es nicht immer leicht mit diesem Sams: Es löste in einem Kaufhaus Feueralarm aus, nachdem es dort einen Taucheranzug hatte mitgehen lassen, trickste Herrn Taschenbiers Chef im Büro aus, später auch zwei Polizisten, zog sich den Zorn von Frau Rotkohl zu, Herrn Taschenbiers Vermieterin, und sorgte sogar für einen Schneesturm in Taschenbiers Zimmer.

Aber letztlich gewöhnte er sich mehr und mehr an sein freches Sams, fand es immer liebenswerter und wünschte mit einem letzten Wunschpunkt, dass es immer bei ihm bleiben konnte.
Mehr muss man zur Vorgeschichte gar nicht wissen. Sie erklärt sich von selbst.

Wie im sechsten und siebten Sams-Band wird auch hier im Buch von der *Sams-Welt* erzählt. Und viele meiner Leser werden sich fragen, wo ich diese Welt wohl angesiedelt habe.
Ich stelle mir nicht vor, dass diese Welt irgendwo ganz weit oben oder sogar auf einem anderen Planeten existiert. Es gibt sie gewissermaßen neben und zwischen unserer Welt.
Selbst ernsthafte Wissenschaftler, die sich mit der sogenannten *Quantenmechanik* beschäftigen, sind überzeugt, dass es viele Parallel-Welten nebeneinander gibt. Sie schreiben von einem *Multiversum*.
Um es an einem Beispiel zu erklären: Es mag vielleicht nicht nur den einen Paul Maar geben, der Autor in Deutschland ist. In einer Parallel-Welt könnte ich auch ein Basketballspieler in Laramie sein oder ein Rentner in Portugal.
In so einem Parallel-Universum stelle ich mir die Sams-Welt vor.

In den bisherigen Sams-Büchern spielen viele Figuren eine Rolle: Frau Rotkohl, Herr Lürcher, Herr Oberstein, ein Verkäufer im Kaufhaus, Polizisten, Bademeister, Eisverkäufer, Kinder auf dem Spielplatz, ein falscher Onkel Alwin, Taschenbiers Sohn Martin und dessen Freundinnen und Freunde, Taschenbiers Enkelin Betty und nicht zuletzt seine Frau Mara.
Es gibt aber nur drei Personen, die in sämtlichen Sams-Büchern auftreten. Hier sieht man sie:

Herr Taschenbier

das Sams

Herr Mon, der beste Freund Taschenbiers

Und nun wünsche ich viel Freude beim Lesen!

Paul Maar

Warme Kleider und Gedankenketten

Herr Taschenbier stand am Fenster seines Zimmers und schaute hinaus. Die Büsche auf der anderen Straßenseite waren mit hellem Raureif überzogen. Der kahle Kirschbaum dahinter trug ein Glitzerkleid, und die Dächer der umstehenden Häuser hatten weiße Ziegel.

»Ganz schön frostig draußen!«, sagte er zum Sams. »Der Winter kommt.«

»Herr Winter kommt?«, fragte das Sams und schaute auch durchs Fenster. Draußen schob ein Mann gerade das gelbe Postwägelchen vorbei und hob grüßend die Hand, als er Herrn Taschenbier hinter der Fensterscheibe erblickte. Er trug Handschuhe, und wenn er ausatmete, schwebte eine neblige Atemwolke vor seinem Mund.

»Wenn du unseren Briefträger meinst, der heißt aber nicht Herr Winter, sondern Herr Endres«, sagte das Sams.

»Nicht Herr Winter kommt, sondern *der* Winter«, sagte Herr Taschenbier. »Ich spreche von der Jahreszeit. Wir müssen dir etwas Warmes kaufen.«

»Ein warmes Würstchen?«, fragte das Sams.

»Nein«, sagte Herr Taschenbier.

»Zwei?«, fragte das Sams.

»Nein!«

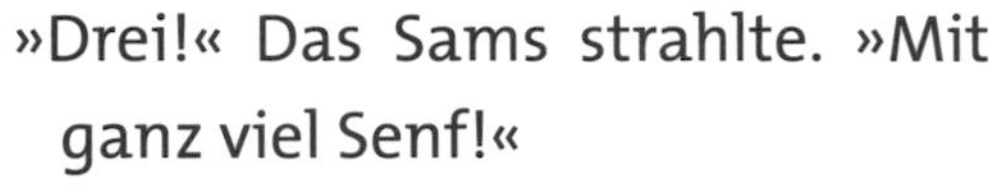

»Drei!« Das Sams strahlte. »Mit ganz viel Senf!«

»Mach dir keine falschen Hoffnungen«, sagte Herr Taschenbier. »Ich spreche von warmen Kleidern.«

»Ach so«, sagte das Sams enttäuscht. »Gibt's die wirklich?«

»Was meinst du?«

»Warme Kleider!«

»Natürlich gibt's die!«, sagte Herr Taschenbier. »Du stellst manchmal sehr dämliche Fragen!«

»Wie werden diese Kleider denn gewärmt?«, fragte das Sams. »In der Mikrowelle?«

Herr Taschenbier musste lachen. »Du nimmst wohl alles sehr genau«, sagte er. »Ich meinte keine warmen Kleider, sondern welche, die warm machen. Einen Pullover oder eine dicke Hose. In deinem superdünnen Taucheranzug wirst du frieren. Wir gehen am besten gleich los.«

»Wohin?«, fragte das Sams.
»Ins Kaufhaus. Da haben wir die größte Auswahl.«
»Kaufhaus, sehr gut«, sagte das Sams und fing gleich an zu singen:

»Kaufhaus, Feldmaus,
Kaufmaus, Kopflaus,
Kauflaus, Blumenstrauß!«

»Dasselbe Lied hast du schon mal gesungen«, sagte Herr Taschenbier.
Das Sams nickte. »Ich war ja auch schon mal im Kaufhaus. Da habe ich diesen wunderbar wundervollen, supertollen Taucheranzug her, den du superdünn nennst. Den werde ich niemals nicht ausziehen – und wenn es saumäßig superkalt wird!«
»Das musst du ja nicht. Du ziehst den Pullover einfach über den Taucheranzug.«
»Und die Hose?«
»Auch!«
»Gute Idee«, sagte das Sams. »Dann lass uns losgehen. Ob der Ober-Verkäufer mit der dicken Brille wohl noch da ist?«
»Meinst du den Abteilungsleiter?«, fragte Herr Taschenbier.

»Ja. Der mir den Taucheranzug geschenkt hat.«
»Schenken kann man das wohl nicht nennen«, sagte Herr Taschenbier. »Eigentlich ist der Taucheranzug mehr oder weniger geklaut.«
»Wieso?« Das Sams wunderte sich. »Erst wollte er, dass ich in den Anzug schlüpfe. ›Gummi dehnt sich‹, hat er gesagt. Und dann hat er gerufen: ›Verschwinde hier! Verschwinde aus meinem Kaufhaus!‹«
»Weil du so ein Chaos angerichtet hast mit deinem falschen Feueralarm!«
»Ja, das war ein sehr, sehr schönes Choas«, schwärmte das Sams.
»Chaos«, verbesserte Herr Taschenbier. »Wir sollten diesem Herrn jedenfalls aus dem Weg gehen. Er darf uns im Kaufhaus nicht entdecken, sonst kriegen wir Ärger.«
»Er wird uns niemals nicht entdecken, weil wir uns vor ihm verstecken«, reimte das Sams.

Aber es sollte ganz anders kommen, als es die beiden sich vorgestellt hatten!
Das Kaufhaus, das sie nun betraten, war vorweihnachtlich dekoriert. Überall an den Wänden hingen Tannenzweige aus Plastik, es gab Weihnachtsbäumchen mit bunten Kugeln und blinkende Lichterketten, und riesige, goldfarbene Sterne. In der Mitte stand

ein großer Christbaum, mit künstlichem Schnee bestäubt. Aus allen Lautsprechern kam Musik.
»Dieses Weihnachtslieder-Gedudel geht mir auf die Nerven«, sagte Herr Taschenbier zum Sams. »Und diese ganzen künstlichen Christbäume. Man könnte meinen, schon morgen wäre Weihnachten.«
»Wein-Nachten?«, fragte das Sams. »Ist das eine Nacht, in der man Wein trinkt, oder eine, wo alle weinen?«
»Ich falle auf deine dummen Fragen nicht mehr herein«, sagte Herr Taschenbier. »Du weißt genau, dass es Weih-Nachten heißt. Eine geweihte Nacht!«
»Eine Nacht mit Geweih«, sagte das Sams. »Ungefähr so wie ein Hirsch?«
Herr Taschenbier ging nicht darauf ein.
»Ich weiß wirklich nicht, warum es Weih-Nachten heißt«, sagte das Sams. »Und nicht zum Beispiel »Weih-Tagen.«
»Ich erklär's dir, wenn wir zu Hause sind«, sagte Herr Taschenbier. »Jetzt lass uns erst mal was Warmes für dich kaufen.«
»Ja, etwas schön warm Gewärmtes!«
Sie kamen an einer kleinen Bühne vorbei, eigentlich nur ein Podest mit einer weißen Rückwand. Darauf stand ein Mädchen, das als Weihnachtsengel verkleidet war.
Sie trug ein langes weißes Gewand, das ihr bis zu den

Füßen reichte, war sichtlich geschminkt, hatte frisch geföhnte blonde Locken und ein Dauerlächeln im Gesicht.
In der Hand hielt sie eine goldene Glocke.
Das Sams blieb neugierig stehen.
»Warum hat das Mädchen ein Nachthemd an?«, fragte es Herrn Taschenbier.
»Es spielt einen Engel«, sagte er. »Das ist kein Nachthemd. Ein Engel trägt einfach ein langes, schönes weißes Gewand.«
»Du willst sagen: *eine* Engel«, verbesserte das Sams. »Wenn du sagst *ein* Engel, dann müsste es ja ein Junge sein.«

»Es heißt aber *der* Engel«, sagte Herr Taschenbier.
»Der Engel? Das meinst du nicht im Ernst!« Das Sams lachte. »Und was hat die Engel für komische Teile am Rücken?«
»*Der* Engel«, verbesserte Herr Taschenbier noch einmal. »Das sollen seine Flügel sein. Die echten Engel haben Flügel, deswegen hat das Mädchen auch welche.«
»Flügel?« Das Sams lachte. »Solche Flügelchen wie dieses Mädchen da? Mit denen könnten deine Engel höchstens einen halben Meter hoch fliegen. Und nur, wenn sie ganz, ganz kräftig wedeln. Das ist ja, als ob ein Adler Schmetterlingsflügel hätte. Diese kleinen Dinger tragen sie doch nie und nimmer. Die würden abstürzen und auf den Bauch knallen.«
»Rede nicht so respektlos über Engel! Außerdem braucht ein Engel die Flügel gar nicht zum Fliegen. Die sind mehr ein Schmuck!«, sagte Herr Taschenbier. »Engel können nämlich schweben.«
»Wie ein Luftballon?«, fragte das Sams.
»So ähnlich«, sagte Herr Taschenbier.
»Können die dann auch lenken?«
»Vielleicht nehmen sie ja ihre Flügel zum Lenken«, überlegte Herr Taschenbier. »Das wäre eine gute Erklärung.«
»Wenn ein Ballon immer höher schwebt, bis dahin, wo

die Luft dünner wird, dann bläht er sich immer mehr auf und platzt schließlich«, wusste das Sams.

»Nein, Engel platzen nicht«, sagte Herr Taschenbier schnell. Er hatte geahnt, was das Sams gleich fragen würde. »Ganz egal, wie hoch sie schweben.«

»Aha«, machte das Sams. Es schien mit Herrn Taschenbiers Erklärungen zufrieden zu sein. »Und warum sitzt da neben diesem Engelmädchen ein Bär?«

»Ein Bär? Was für ein Bär?«, fragte Herr Taschenbier.

»Na, dort!«, rief das Sams und zeigte zur kleinen Bühne.

Gerade war die Frau weitergegangen, die vor Taschenbier gestanden und ihm die Sicht verdeckt hatte. Jetzt sah er, was das Sams meinte: An der Bühnenkante, die Tatzen unten auf den Boden gestellt, saß eine Figur im Bärenkostüm. Im weit geöffneten Rachen des Bärenkopfes konnte man undeutlich ein Kindergesicht erkennen.

Herr Taschenbier und das Sams wollten schon weitergehen, da hob das Weihnachtsengel-Mädchen den Arm und begann mit ihrer Glocke zu läuten.

Herr Taschenbier und das Sams blieben neugierig stehen, die Menschen außenherum ebenfalls.

Der Bär stieg auf die Bühne. Er war ungefähr so groß wie das Sams.

Als das Mädchen aufhörte zu läuten, fing der Bär an

zu sprechen. Genauer gesagt, der Junge, der im Bärenkostüm steckte:

»Da draußen vom Walde komme ich her,
ich bin ein braver brauner Bär.
Ich sage euch allen: Bald ist es so weit,
bald kommt die selige Weihnachtszeit!«

Dann verneigte er sich und trat zurück. Jetzt war das Weihnachtsengel-Mädchen an der Reihe. Sie strich sich erst ihre Locken zurück und begann dann laut zu rufen:

»Ihr lieben Leute, Groß und Klein,
wir laden euch hier zur Vorweihnacht ein.
Vergesst nicht, an eure Lieben zu denken,
bald ist es Zeit, Geschenke zu schenken.
Drum sucht euch hier was Schönes aus
und tragt es freudig mit nach Haus.
Ihr findet hier vieltausend Sachen,
die eure Lieben glücklich machen.«

Danach verneigten sich das Weihnachtsengel-Mädchen sowie der Bär, und sie verschwanden hinter der Rückwand.
Neugierig folgte das Sams den beiden.

Der Junge hatte den Bärenkopf abgezogen. Er hatte ein gerötetes Gesicht und nass geschwitzte Haare. »Noch mal mach ich das nicht«, beschwerte er sich gerade beim Mädchen. »Das wird vielleicht heiß unter dem doofen Bärenkopf!«
»Was heißt: Du machst das nicht noch mal?«, fragte das Mädchen. »Papa hat gesagt, wir sollen mindestens zehn Mal auftreten. Und wir waren erst viermal dran.«
»Auftreten!«, äffte der Junge sie nach. »Du hast es gut. Du spielst den hübschen, lieben Weihnachtsengel, den alle süß finden. Und ich darf schwitzen.«
In diesem Moment erblickte er das Sams, das schon die ganze Zeit um die Ecke geschaut hatte. »Wer bist du denn? Was willst du hier hinten?«, fragte er. »Mach 'ne Fliege!«
»Eine Fliege mag ich nicht machen«, sagte das Sams. »Aber ich spiele gerne den Bären, wenn du nicht mehr willst.«
»Ehrlich?«, fragte der Junge. Er musterte das Sams. »Du bist so groß wie ich. Könnte gehen.«
»Tim, spinnst du?«, rief das Mädchen. »Das ist nicht dein Ernst! Du kannst doch nicht einfach mit diesem Typ da tauschen. Guck mal, was der für eine komische Nase hat. Und überhaupt, der weiß ja nicht mal, was er sagen muss.«

»Der mit der komischen Nase weiß genau, wie euer bekloppter Spruch geht«, sagte das Sams und fing an:

»Da draußen vom Walde komme ich her,
ich bin ein braver brauner Bär ...«

So weit war das Sams gekommen, da blickte Herr Taschenbier um die Ecke der Rückwand. Ziemlich ärgerlich rief er: »Da bist du! Du kannst nicht einfach verschwinden, ohne ein Wort zu sagen.«
»Doch, kann ich. Hast du ja gesehen«, sagte das Sams.
»Jetzt komm mit!«, befahl Herr Taschenbier.
»Schade«, sagte das Sams. »Du hast mich mitten aus einem wichtigen Bewerbungsgespräch geholt.«
»Bewerbungsgespräch!«, wiederholte Herr Taschenbier. »Jetzt lass uns endlich zur Kinderbekleidung gehen!«
»Kinderbekleidung!«, maulte das Sams. »Ich bin kein Kind, das weißt du ganz genau!«
»Eine Abteilung Sams-Bekleidung wirst du hier lange suchen müssen«, sagte Herr Taschenbier. »Los, komm!«
Sie gingen zur Rolltreppe und fuhren hinauf in den ersten Stock.
Als sie zum Schild kamen, auf dem »Kinder Oberbekleidung« stand, liefen sie dem Abteilungsleiter fast in die Arme.

»Schnell, versteck dich!«, zischte Herr Taschenbier und zog das Sams mit sich hinter eine Kleiderstange, an der Wintermäntel hingen.
Aber der Mann mit der dicken Hornbrille hatte sie bereits entdeckt und kam auf sie zu.
»Jetzt wird's ernst«, sagte Herr Taschenbier, mehr zu sich. »Jetzt bekommen wir was zu hören!«
Aber was die beiden jetzt zu hören bekamen, klang ganz anders, als es Herr Taschenbier erwartet hatte.
»Sieh da! Das Kind mit dem Taucheranzug!«, rief der Mann. »Trägt den Anzug immer noch. Selbst bei kaltem Wetter. War ein guter Tipp von mir, muss mich nachträglich noch loben.«
Herr Taschenbier fragte vorsichtig: »Und Sie sind nicht sauer auf uns?«
»Sauer? Wieso?«
»Weil ich doch das Choas angerichtet hatte«, sagte das Sams.
»Chaos!«, verbesserte Herr Taschenbier.
»Ach, *das* meinen Sie?« Der Mann lachte. »Hat mir eher Glück gebracht.«
»Ach ja?«
»Weil ich bei diesem Feueralarm die Räumung des Kaufhauses so gut organisiert hatte und nicht ein einziger Kunde eine Brandverletzung erlitt, wurde ich von der Geschäftsführung zum Filialleiter befördert«,

sagte der Mann stolz. »Habe ich diesem Kleinen hier im Taucheranzug zu verdanken.«
Herr Taschenbier wollte schon sagen: »Aber es gab ja gar keinen Brand«, ließ es lieber sein und sagte stattdessen: »Glückwunsch! – Und jetzt hätten wir gerne für ›diesen Kleinen‹ etwas Warmes zum Anziehen.«
»Etwas Wärmendes«, verbesserte das Sams.
»Da muss ich Sie leider enttäuschen.« Der neu ernannte Filialleiter schüttelte den Kopf. »Nehmen Sie es mir nicht übel, aber ich will nicht, dass dann noch mal alle Anzüge platzen wie damals. Sie sind mir sicher nicht böse, ja? Es gibt ja auch noch ein anderes Kleidergeschäft hier im Städtchen.«
»Ich kenne mich mit Kinderbekleidung nicht aus«, begann Herr Taschenbier.
»Sams-Bekleidung!«, verbesserte das Sams.
Herr Taschenbier ließ sich nicht beirren und fragte: »Könnten Sie mir vielleicht einen Tipp geben, wo ich etwas zum Anziehen für mein Sams hier finden kann?«
»Ich empfehle nicht gerne die Konkurrenz«, sagte der Filialleiter. »Aber in diesem Fall muss ich das wohl. Bei der Firma Tischbein erhalten Sie Kindersachen. Vielleicht nicht so qualitätsvoll wie unsere. Werden sicher noch schneller platzen. Aber immerhin.«
»Wie heißt die Firma? Tischbein?«, fragte Herr Ta-

schenbier. »Könnten Sie mir den Namen bitte aufschreiben? Ich habe ein schlechtes Namensgedächtnis.«

»Hatte ich auch mal«, sagte der Mann. »Jetzt nicht mehr. Habe ein System erfunden, wie ich mir durch eine Gedankenkette jeden beliebigen Namen merken kann. Bin richtig stolz darauf.«

»Aha«, sagte das Sams.

»Ich führe Ihnen mal vor, wie ich mir den Namen ›Tischbein‹ merke. So heißt die genannte Firma. Zuerst stelle ich mir einen Fisch vor und frage mich: Was hat ein Fisch *nicht*? Antwort: Ein Bein. Also füge ich das zweite gewonnene Wort ›Bein‹ an das erste an und erhalte ›Fischbein‹. Nun muss ich nur noch an den Vornamen meines Sohnes denken: Tim. Womit beginnt der Name?«

»Mit einem T«, antwortete das Sams.

»Sehr gut! Schlaues Kerlchen!«, lobte der Filialleiter das Sams. »Also lasse ich das gefundene Wort auch mit einem T beginnen – und schon habe ich *Tischbein*! Eine geniale Methode, findet ihr nicht?«

»Ja, genial«, bestätigte das Sams. »Wenn nicht sogar ziemlich gut oder einigermaßen albern.«

Herr Taschenbier schien nicht sehr überzeugt zu sein. Der Mann spürte es und sagte: »Ein anderes Beispiel! Der Besitzer unseres Kaufhauses kommt ab und zu vorbei und schaut, ob der Umsatz stimmt. Jetzt stellen Sie sich vor, ich hätte seinen Namen vergessen. Peinlich! Passiert mir aber nicht, weil ich mir ja meine Gedankenkette gebaut habe. Wollen Sie wissen, wie?«

»Wenn es sein muss«, sagte das Sams und bohrte sich gelangweilt mit dem Zeigefinger in der Nase.

»Der Besitzer heißt Herr Walter. Und er ist ziemlich dick. Also stelle ich mir den dicksten Fisch vor, den es gibt: einen Wal.«

Herr Taschenbier wollte schon einwenden: »Der Wal ist gar kein Fisch, sondern ein Säugetier«, ließ es aber sein.

»Ein Wal? Und wie weiter?«, fragte das Sams.

»Verstehst du nicht: Damit habe ich schon den ersten Teil seines Namens: Wal. Nun muss ich nur noch auf ›ter‹ kommen. Und da helfen mir wieder mal die Namen meiner Kinder: Tim und Elisa. Vielleicht haben Sie sie beim Hereinkommen gesehen. Sie machen ein bisschen Werbung, ganz unaufdringlich als Weihnachtsengel und Bärchen. Habe zwei Gedichte verfasst, für jedes Kind eines. Bin recht stolz darauf!«

»Und wie kommt man von Tim und Elisa auf das fehlende ›ter‹?«, fragte Herr Taschenbier.

»Man nimmt ihre Anfangsbuchstaben und auch meinen: R für Rudolf. Und kommt auf ›ter‹, also: Wal-ter. Genial, was?«

»Ist Rudolf dein Vorname oder der Nachname?«, fragte das Sams.
»Schlaue Frage«, lobte der Mann. »Er ist beides. Mein Vater, Herr Rudolf also, war so originell, mir den Vornamen Rudolf zu geben. Heiße also Rudolf Rudolf.«
»Sehr originell«, gab Herr Taschenbier zu. »Nun wird es aber Zeit, dass wir zu dieser Firma, zur Firma ... äh ... Tischbein gehen.«
»Na, sehen Sie: Es klappt doch!«, rief Herr Rudolf.
Jetzt aber wollte das Sams doch noch etwas wissen: »Und wie merkst du dir ›Sams‹?«
»Sams? Ganz einfach: Ich lasse das S weg und bekomme Ams. Das ist der Anfang des Wortes ›Amsel‹. Ich merke mir also diesen Vogel ...«
»Warum denken Sie nicht an ›Samstag‹ und lassen den ›Tag‹ weg?«, schlug Herr Taschenbier vor.
»Gute Idee! Haben sich schon gut hineingefunden in mein System«, lobte Herr Rudolf.
»Und jetzt werden wir gleich hinausgefunden haben. Nämlich aus dem Kaufhaus«, sagte Herr Taschenbier und ging.
»Schauen Sie beim Hinausgehen doch ruhig noch mal bei meinen Kindern vorbei!«, rief der Mann ihnen nach.
»Bei Tim und Elisa«, rief das Sams zurück. »Kann ich mir ohne Gedankenkette merken.«

»Merkwürdiger Mensch, dieser Herr Rudolf Rudolf«, sagte Herr Taschenbier, während sie nun mit der Rolltreppe nach unten fuhren. »Will uns keine warmen – äh – wärmenden Sachen verkaufen, erzählt uns aber seine sämtlichen Gedankenketten.«
»Stimmt!«, sagte das Sams. »Außerdem sind mir Würstchenketten zehnmal lieber als Gedankenketten.«

Als sie im Erdgeschoss ankamen, waren das Bärchen und das Weihnachtsengel-Mädchen mitten in ihrem fünften Auftritt.
Das Mädchen sagte gerade die Schlusszeilen auf:

»... Ihr findet hier vieltausend Sachen,
die eure Lieben glücklich machen.«

Die beiden verneigten sich, die Umstehenden klatschten. Wie vorher auch verschwanden Bär und Weihnachtsengel hinter der Rückwand.
»Komm mit!«, sagte Herr Taschenbier zum Sams. »Oder willst du diesen Werbespruch etwa noch einmal hören?«

»Könntest du vielleicht schon mal vorgehen?«, fragte das Sams. »Ich muss noch mal mit diesem Tim sprechen.«
»Sprich meinetwegen mit ihm«, sagte Herr Taschenbier. »Ich mache dir einen Vorschlag: Ich geh schon mal in die Cafeteria. Weißt du, wo das ist?«
»Klar! Gleich neben dem Seitenausgang da vorne«, sagte das Sams.
»Ich trinke eine Tasse Kakao, und dann treffen wir uns dort in einer Viertelstunde wieder, ja?«
»In einer Viertelstunde in der Kakaoteria!«, bestätigte das Sams. »Es könnten aber auch sechzehn Minuten werden, wenn nicht sogar vierzehn.«
»Ich warte, bis du kommst«, sagte Herr Taschenbier und war schnell zwischen den Käufern verschwunden.

Ein gewagter Tausch

Wie schon einmal ging das Sams um die weiße Rückwand der kleinen Bühne herum.
Tim saß neben seiner Schwester. Er hatte den Bärenkopf noch auf. Elisa sah das Sams zuerst. »Guck mal! Da kommt das komische Kerlchen im Taucheranzug schon wieder!«, sagte sie zu ihrem Bruder.
Der drehte sich zum Sams um. »Na? Willst du immer noch mit mir tauschen?«, fragte er.
»Ja, will ich«, sagte das Sams. »Ich wollte schon immer mal ein Bär sein.«
»Dann zieh mir mal hinten den Reißverschluss auf!«, befahl Tim. Er zog den Bärenkopf hoch, und sein breit grinsendes Gesicht kam zum Vorschein. Dann legte er den Bärenkopf zur Seite.
»Das ist doch nicht euer Ernst!«, rief das Mädchen. »Das geht doch nicht!«
»Doch, das geht!«, sagten Tim und das Sams fast gleichzeitig.
Das Sams hatte schon den Reißverschluss aufgezogen, der von der Halsöffnung des Kostüms bis zum Po

reichte. Tim streifte das Bärenfell ab. »Jetzt zieh zuerst mal deine seltsamen Flossenschuhe aus!«, befahl er. »Du musst zuerst mit den Füßen ganz nach unten in die Beine steigen. Genau so. Nun die Arme da rein! Sehr gut! Und jetzt zieh ich den Reißverschluss wieder zu. Perfekt!«

Das Sams sah an sich herunter. »Echt bärig!«, lobte es.

»Jetzt müssen wir nur noch ausprobieren, ob der Bärenkopf über deinen dicken Schädel passt«, sagte Tim. »Geht ein bisschen schwer, sitzt aber umso besser. Kannst du mich sehen? Du musst vorne rausgucken. Deswegen steht das Bärenmaul offen.«

»Ihr seid verrückt!«, schimpfte das Weihnachtsengel-Mädchen. »Das könnt ihr doch nicht machen!«

»Doch, das können wir«, sagten das Sams und Tim wieder fast gleichzeitig.

»Wenn das Papa erfährt, wird er sehr sauer!«, warnte sie ihren Bruder.

»Wie soll der mitkriegen, dass ein anderer im Kostüm

steckt?«, fragte der. »Das kann er doch gar nicht durch das schmale Bärenmaul erkennen. Los, Schwesterchen, dein Auftritt! Ich geh so lange ein Eis essen.«
»Ich bin nicht schuld!«, sagte sie und machte sich auf den Weg zur Bühne.
»Wie heißt du eigentlich?«, flüsterte sie dabei ihrem neuen Partner zu.
»Sams«, flüsterte das Sams zurück.
»Und wie noch?«
»Sams!«
»Zwei Mal gleich? Wie mein Papa. Dann wollen wir mal, Sams Sams!«, sagte sie, und die beiden betraten die Bühne.
Elisa hob die Glocke und läutete.
»Los, du bist dran!«, sagte sie halblaut zum Bären.
Der stellte sich in die Mitte der kleinen Bühne und begann. Aber sein Spruch klang nicht ganz so, wie man ihn vorher von Tim gehört hatte.

»Von hinter der Bühne komme ich her,
ich bin ein falscher brauner Bär.«

Aber nicht nur das. Jetzt übernahm das Sams einfach den Spruch des Weihnachtsengels. Allerdings auch den ziemlich verändert, und es sang ihn auch noch lauthals:

»Ihr lieben Leute, Groß und Klein,
kauft bitte massenweise ein!
Kauft mehr und mehr und mehr,
ja, kauft das ganze Kaufhaus leer!
Gebt euren letzten Euro aus
und kommt ganz ohne Geld nach Haus,
und kommt ganz ohne Geld na-ach Haus!«

Die Zuschauer fingen an zu lachen.
»Der Bär da singt die Wahrheit«, sagte eine Frau. »Man gibt viel zu viel aus und bereut es hinterher.«
Die Umstehenden nickten zustimmend.
»Was singst du da?!«, zischte der Weihnachtsengel dem Bären zu. »Sams Sams, halt sofort den Mund!«
»Wieso? Ich mache doch Werbung für euer Kaufhaus. Was ist denn falsch dabei?«, fragte das Sams und sang laut weiter:

»Kauft Tannenbäumchen, Taschen, Tassen,
Kleider, Uhren, Schmuck, Brillanten
für Eltern, Kinder, Onkel, Tanten,
bitte, bitte, kauft wie dumm,
bitte, ka-ka-kauft wie dumm!!
Und wenn die Sachen dann nicht passen,
dann tauscht ihr sie ganz einfach um!
Unsre Kassen müssen klingeln ...«

So weit war das Sams gekommen, da wurde es unsanft am Arm gepackt und von der Bühne gezogen.
Schon während der letzten Zeilen hatte sich ein Mann grob durch die Menschen gedrängt, die lachend um die Bühne standen. Es war der Filialleiter, der Herr Rudolf Rudolf.
Mit zornrotem Gesicht sagte er: »Ich weiß ja, dass du nicht gern den Bären spielst und eifersüchtig auf deine Schwester bist. Aber dass du so gemein sein kannst, hätte ich nicht gedacht!«
»Aber ich bin ja gar nicht ...«, fing das Sams an.
»Halt den Mund! Will deine Ausreden gar nicht hören! Du gehst auf der Stelle nach Hause. Wir sprechen uns noch!«
»Aber ...«, fing das Sams noch einmal an.
Jetzt wurde der Mann richtig laut, obwohl immer noch viele Menschen neugierig herumstanden. »Hast du nicht gehört? Sofort nach Hause!«, rief er. »Verlass das Kaufhaus!«
»Als Bär?«, fragte das Sams dumpf aus dem Bärenkopf.
»Ja, als Bär! Zur Strafe für deine Spottverse.«
»Ehrlich?«, fragte das Sams. »Ich soll wirklich *so* nach Hause?«
»Du hast mich genau verstanden. Raus jetzt!«
»Na gut, wenn du es unbedingt willst«, murmelte das Sams und ging zum Ausgang.

Es hörte noch, wie hinter ihm der Mann zu seiner Tochter sagte: »Und dass auch du bei einer so hinterhältigen Gesangsnummer mitmachst, hätte ich nicht von dir gedacht!«
»Aber Papa!«, antwortete sie. »Ich war von Anfang an dagegen. Aber Tim, der hat ...«
Mehr hörte das Sams nicht. Es war schon durch den Eingang nach draußen getrottet.
Es ging außen am Haus entlang, blickte durch die Fenster nach drinnen und entdeckte Herrn Taschenbier an einem Tisch der Cafeteria, vor einer leeren Tasse.
Das Sams klopfte heftig ans Fenster und winkte Herrn Taschenbier zu sich hinaus. Der blickte zu ihm hin und hob ratlos die Hände. Er musste den Bären da draußen ja für Tim halten.
Der Bär winkte noch heftiger. Zögernd stand Herr Taschenbier auf und ging nach draußen.
»Meinst du mich?«, fragte Herr Taschenbier.
»Wen denn sonst, Papa!«, rief das Sams durch das Bärenmaul. »Komm, wir gehen nach Hause!«
»Wieso steckst du in diesem Bärenfell?«, fragte Herr Taschenbier. »Willst du dieses Kostüm etwa anlassen?«
»Ja, das ist total toll großartig wärmend«, sagte das Sams. »Dieses warme Bärenfell wärmt meinen Hintern gut und schnell. Wir müssen gar keine warmen Kleider mehr kaufen.«

»Das kannst du doch nicht einfach behalten!«, rief Herr Taschenbier.
»Doch, darf ich! Der Herr Rudolf Rudolf hat gesagt, ich soll damit nach Hause gehen. Und zwar sofort.«
»Ehrlich?«
»Ganz ehrlich. Hat er so gesagt!«
Herr Taschenbier war immer noch unschlüssig. »Ich weiß nicht ...«
»Komm jetzt endlich mit, Papa!«, sagte das Sams energisch, nahm den Bärenkopf ab und klemmte ihn unter seinen Arm. Dann fasste es mit der Bärentatze nach Taschenbiers Hand und zog ihn mit sich.
»Na gut, wenn du meinst«, sagte der. Und machte sich mit einem Bären an seiner Seite auf den Heimweg.

Frau Rotkohl war zufällig im Flur, als die beiden in die Wohnung kamen.
»Was ist *das* denn?«, fragte sie und zeigte auf das Sams.
»Das ist das Sams. Das könnten Sie langsam begriffen haben«, sagte Herr Taschenbier mutig.
»Missverstehen Sie mich nicht absichtlich«, sagte sie. »Sie wissen genau, was ich meine: Seit wann läuft es denn wie ein Bär herum?«
»Seit einer halben Stunde, acht Minuten und zwanzig Sekunden«, antwortete das Sams. »Jetzt allerdings

schon seit dreißig Sekunden. Gleich werden es vierzig sein.«
»Sehr präzise«, sagte Frau Rotkohl. »Hat dein Herr Taschenbier vor, dich im Zoo abzuliefern? Keine schlechte Idee. Da gehörst du schon lange hin.«
Die beiden ließen sie einfach stehen und gingen, ohne zu antworten, in Taschenbiers Zimmer.
Drinnen zog das Sams gleich seinen Bärenfell-Anzug aus und hängte ihn an einem Kleiderbügel auf.
Herr Taschenbier nahm ihm den Bärenkopf ab und legte ihn oben auf den Kühlschrank.
»Jetzt sieht es so aus, als würde ein Bär im Kühlschrank stehen und den Kopf oben rausstrecken«, stellte das Sams fest.
»Genau! Er passt auf, dass niemand Würstchen stiehlt«, sagte Herr Taschenbier.
»Mit niemand bin wohl ich gemeint!«
»Wie kommst du auf so eine merkwürdige Idee?«, sagte Herr Taschenbier.

Ein neuer Einkauf

Es war zwei Tage später, als Herr Taschenbier zum Sams sagte: »Am besten, du schlüpfst wieder mal in deinen Bärenfell-Anzug. Es ist nämlich immer noch kalt draußen.«
»Ziehst du mir bitte hinten den Reißverschluss zu?«, fragte das Sams, während es in den Anzug stieg. »Wo gehen wir denn hin?«
»Einkaufen«, antwortete Herr Taschenbier knapp.
»Wieder ins Kaufhaus?«
»Lieber nicht«, sagte er. »Ich bin mir immer noch nicht sicher, ob du das Bärenkostüm wirklich behalten durftest. Wir sollten besser nicht diesem Herrn Rudolf begegnen.«
»Wo gehen wir dann hin?«
»In ein Geschäft. Ich weiß schon, in welches.«
»Na gut. Wenn du es weißt, muss ich es ja nicht wissen«, sagte das Sams und ging mit Herrn Taschenbier aus dem Haus.

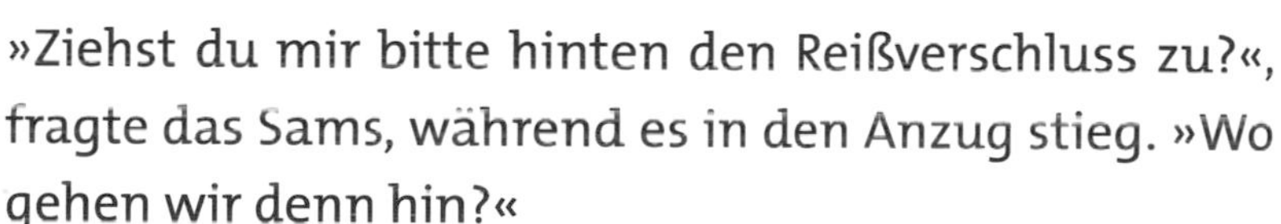

Frau Rotkohl stand an ihrem Fenster und schaute den beiden kopfschüttelnd hinterher. Es sah aber auch

merkwürdig aus: ein kleiner brauner Bär mit feuerroten Haaren, der brav an der Hand von Herrn Taschenbier die Straße entlangwackelte.
Vor einem Geschäft blieb Herr Taschenbier stehen. »Hier sind wir richtig!«
Das Sams blickte durch die Schaufensterscheibe und versuchte herauszufinden, um welche Art von Geschäft es sich handelte. Die Sonne schien, die Scheibe glänzte hell. Undeutlich konnte es Zwerge aus dünnem Holz, Weihnachtsengelchen aus Porzellan erkennen, und dazwischen Blumen in Vasen und in Schalen.
Das interessierte das Sams aber nicht halb so sehr wie sein Spiegelbild in der Schaufensterscheibe. Es sah sich nämlich zum ersten Mal in seinem Bärenfell, drehte sich mal nach links, mal nach rechts, wandte sich um und versuchte mit zurückgedrehtem Kopf seine Rückseite im Schaufenster zu erkennen. Es nickte und schien mit seinem Spiegelbild sehr zufrieden zu sein.
»Na, ist die Modenschau nun beendet?«, fragte Herr Taschenbier grinsend.
»Nicht nur Männer oder Frauen, auch Bären lieben Modenschauen«, reimte das Sams. »Was kaufen wir hier eigentlich?«
»Nicht *wir*: *Ich* kaufe etwas!«, sagte Herr Taschenbier.

»Und du bleibst bitte vor der Tür stehen und wartest auf mich. Es soll nämlich eine Überraschung sein.«
Das Sams fing an zu singen:

»Das Sams steht vor der Tür und wartet,
bis die Überraschung startet.«

»Du hast schon mal besser gereimt«, fand Herr Taschenbier.
»Das war ja nur die erste Strophe«, verteidigte sich das Sams. »Jetzt kommt noch eine zweite.«
»Mach schnell!«, bat Herr Taschenbier. »Lass mich nicht so lange vor dem Geschäft warten!«
»Tut mir leid, aber ich muss noch mal die erste Strophe singen, sonst versteht man die zweite nicht«, sagte das Sams und fing gleich an:

»Das Sams steht vor der Tür und wartet,
bis die Überraschung startet.
Und die wird dann mit großer Kraft
direkt aus dem Geschäft geschafft.«

»Ich muss dich enttäuschen«, sagte Herr Taschenbier lachend. »Um meine Überraschung aus dem Geschäft zu schaffen, brauche ich keine große Kraft. Nur eine Einkaufstüte.«

»Schade«, sagte das Sams.

»Wieso? Was hast du dir denn vorgestellt?«, fragte er.

»Na ja, zum Beispiel so einen Kühlschrank, wie Frau Rotkohl einen hat.«

»Einen Kühlschrank?« Herr Taschenbier wunderte sich. »Wir haben doch einen in meinem Zimmer in der Küchennische stehen. Sogar mit einem Bärenkopf obendrauf. Hat nicht jeder!«

»Aber doch nur diesen Mini-Kühlschrank«, sagte das Sams. »Wenn da deine Joghurts drinnen stehen und die Milchflasche und eine Butter, passen da vielleicht gerade noch ungefähr einigermaßen annähernd zwölf Würstchen rein.«

»Zwölf Würstchen sind mehr als genug für einen Tag«, sagte Herr Taschenbier.

»Für den Tag vielleicht schon. Aber wenn ich in der Nacht mal Hunger bekomme? Dann ist unser Kühlschrank so leer wie mein Magen.«

»Dann isst du eben mal einen Joghurt!«

»Joghurt, bäh!« Das Sams schüttelte sich.

»Nachts soll man sowieso schlafen und sich nicht den Bauch vollschlagen«, sagte Herr Taschenbier.

»Ich habe meinen Bauch noch nie geschlagen«, verteidigte sich das Sams.
Es ließ nicht locker. »In Frau Rotkohls

Kühlschrank ist Platz für Milch, Butter und Eier, außerdem für achtzehn Würstchen und zweierlei Senf!«
»Zweierlei Senf?«, wiederholte Herr Taschenbier.
»Ja, grober und feiner!«
»So, so! Und woher weißt du, was alles in Frau Rotkohls Kühlschrank steht?«, fragte Herr Taschenbier.
Das Sams wurde sehr verlegen und sagte schnell: »Wolltest du nicht ins Geschäft gehen und eine Überraschung besorgen?«
»Das will ich schon die ganze Zeit. *Du* hast mich doch ständig aufgehalten!«, rief Herr Taschenbier, während er nun die Ladentür öffnete und das Geschäft betrat.
»Aufgehalten ist immer noch besser als zugehalten«, murmelte das Sams und reimte drauflos, während es gleichzeitig versuchte, durch das Schaufenster einen Blick in den Laden zu werfen: »Aufgehalten – Gletscherspalten. Gletscherspalten – Waschanstalten. Waschanstalten – Sorgenfalten ...«
Es musste nicht lange nach Reimwörtern suchen, denn schon nach »Spukgestalten – runterschalten« kam Herr Taschenbier wieder heraus, eine pralle Papiertüte in der Hand.
»So, nun gehen wir nach Hause«, sagte er, nahm sein Bärchen energisch bei der Hand und ging mit ihm zurück.

»Was ist *das* denn?«, fragte das Sams, als Herr Taschenbier in seinem Zimmer die Überraschungspapiertüte auf dem Tisch abstellte und einen Kranz aus Tannenzweigen herausnahm.

Herr Taschenbier sagte: »Es ist ein Kranz, wie du siehst.«

»Für mich?«, fragte das Sams und setzte ihn sich gleich auf den Kopf.

»Eher für uns beide«, sagte Herr Taschenbier.

»Na gut!« Das Sams nahm den Kranz ab und stülpte ihn Herrn Taschenbier über den Kopf.

»Steht dir gut«, stellte es fest. »Den solltest du auch aufsetzen, wenn du ins Büro gehst.«

»Lass den Unsinn!«, befahl Herr Taschenbier, nahm den Kranz ab und legte ihn auf den Tisch.

»Unsinn? Wieso?«, fragte das Sams. »Kränze setzt man sich doch auf den Kopf.«

»Diesen nicht«, sagte Herr Taschenbier. »Das ist ein Adventskranz.«

Er holte jetzt vier rote Kerzen aus der Einkaufstüte und dann noch vier Kerzenhalter.

»Kerzen?« Das Sams staunte. »Hast du Angst, dass mal der Strom ausfällt und wir im Dunkeln sitzen müssen? Guter Plan!

Die Dunkelheit, die stört uns nicht,
wir haben jetzt ein Kerzenlicht!«

»Nein«, sagte Herr Taschenbier, während er die Kerzen in die Halterungen und diese in den Kranz steckte.
»Du willst Strom sparen?«, vermutete das Sams.
»Nein. Ich sagte doch: Das ist ein Adventskranz!«
»Aha«, machte das Sams. »Und du erklärst mir bestimmt, was das ist!«
Herr Taschenbier setzte sich auf das Sofa und forderte das Sams mit einer Handbewegung auf, neben ihm Platz zu nehmen.
»Ich merke, du hast keine Ahnung«, sagte er. »Das wird jetzt wahrscheinlich eine längere Geschichte.«
»Geschichten höre ich über-ober-gern!« Das Sams lehnte sich bei Herrn Taschenbier an, stellte die Beine auf und blickte erwartungsvoll hoch.
»Es geht um Weihnachten«, fing Herr Taschenbier an.
Das Sams wollte schon sagen: »Die Nacht mit Geweih«, ließ es dann aber lieber sein und hörte zu.
»Es sind jetzt noch vier Sonntage, dann wird Weihnachten gefeiert«, erzählte Herr Taschenbier. »An jedem Sonntag wird eine neue Kerze auf dem

Kranz angezündet. Morgen ist der erste Advent, da zünden wir die erste an. Nächsten Sonntag kommt dann noch die zweite dazu, dann die dritte, die vierte. Bis schließlich alle vier brennen.«

»Und dann?«, fragte das Sams.

»Und dann feiern wir das Weihnachtsfest!«

»Ich weiß immer noch nicht, was genau das für ein Fest ist, das wir da feiern«, sagte das Sams. »Schließlich bin ich zum ersten Mal in der Menschenwelt.«

»Na gut. Dann muss ich dir wohl die biblische Geschichte erzählen«, sagte Herr Taschenbier.

Erst rückte er seine Brille zurecht, wie immer, wenn er nachdachte. Dann fing er an, räusperte sich erst und erzählte dann dem Sams die ganze Weihnachtsgeschichte. Genau so, wie er sie als Kind gehört hatte.

Das Sams lauschte aufmerksam, machte manchmal ein fragendes Gesicht und nickte öfter zustimmend.

Und es hatte ziemlich viele Fragen, als Herr Taschenbier mit seiner Geschichte fertig war.
»Du sagst, sie haben das Kind in einen Futtertrog gelegt, in diese Krippe?«, wollte es wissen.
»Ja.«
»Da haben vorher der Ochse und der Esel daraus gefressen?«
»Ja.«
»Das ist doch so was von schmutzig!«
»Sie hatten halt nichts anderes.«
»Und dann kamen auch noch diese Hirten mit ihren schmutzigen Schuhen!«
»Wahrscheinlich hatten sie gar keine Schuhe an. Die Hirten damals waren barfuß.«
»Die mussten auf dem Weg zum Stall doch erst mal durch ihre Schafherden durch«, überlegte das Sams.

»Es war dunkel. Da sind sie bestimmt in was getreten. Du weißt, was ich meine. Das, was hinten aus den Schafen rauskommt.«
»Kann sein«, sagte Herr Taschenbier.
»Hoffentlich haben sie ihre Füße gut abgeputzt, bevor sie in den Stall kamen. Haben sie das?«
»Davon steht nichts in der Bibel.«
»Das wäre aber wichtig gewesen. Warum steht das nicht drinnen?«, fragte das Sams.
»Wahrscheinlich gab es in der Bibel nicht genügend Platz für solche Einzelheiten«, vermutete Herr Taschenbier.
»Und dann, hast du erzählt, haben die himmlischen Heerscharen jubiliert? Wer sind diese Heerscharen?«
»Die Engel, nehme ich an.«
»Was ist denn ›jubiliert‹?«
»Sie haben laut gesungen.«
»Haben sie dabei auch Musik gemacht?«
»Ich glaube schon. Auf den alten Bildern sieht man sie mit Harfen, Lauten und Trompeten.«
»Du meinst, mit lauten Trompeten!«, verbesserte das Sams ihn. »War auch ein Saxofon dabei?«
»Saxofon?«, fragte Herr Taschenbier.
»Dein Freund Herr Mon spielt manchmal auf dem Saxofon. Reimt sich übrigens: Herr Mon spielt Saxofon. Ich mag Saxofonmusik.«

»Das Saxofon war damals noch nicht erfunden«, sagte Herr Taschenbier.
»Aber inzwischen haben es die Engel bestimmt kennengelernt«, vermutete das Sams. »Ich stell mir vor, wie sie gerade üben:

Die Engel vor dem Himmelsthron,
die spielen laut das Saxofon.
Sie können's noch nicht ordentlich blasen,
doch blasen sie's wenigstens einigermaßen.«

»Ich schätze, Engel können jedes Instrument sofort perfekt spielen«, sagte Herr Taschenbier.
»Kann sein«, bestätigte das Sams. Es war immer noch nicht fertig mit seinen Fragen. »Und diese Heiligen Drei Könige: *Was* haben die dem Kind gebracht?«
»Myrrhe, Gold und Weihrauch.«
»Rauch!«, wiederholte das Sams kopfschüttelnd. »Was ist denn Myrrhe?«
»Ein Harz. So eine Art Parfüm.«
»Doofe Geschenke!«
»Was hätten sie denn mitbringen sollen?«
»Was zu essen!«, sagte das Sams.
»Du denkst bestimmt an Würstchen?«
»Nein. Sie hätten dem Kind lieber Milch und Haferflocken schenken sollen.«

»Das konnten Joseph und Maria ja dann mit ihrem Gold kaufen«, sagte Herr Taschenbier.
»Stimmt«, sagte das Sams. »Wie gut, dass wenigstens einer der Könige etwas Praktisches geschenkt hat.«
»Noch weitere Fragen?«, wollte Herr Taschenbier wissen.
»Nein«, sagte das Sams zufrieden. »Jetzt weiß ich alles über Weihnachten.«
Dann hatte es aber doch noch eine Frage.
»Unten in der Tüte war noch etwas. Ich hab genau gesehen, dass die Tüte noch nicht leer war, als du die Kerzen rausgeholt hattest. Du hast die Tüte auch nicht in den Papierkorb geworfen. Ist da noch was für mich drinnen?«
»Das hast du gut beobachtet«, antwortete Herr Taschenbier. »Es ist aber nichts für dich, sondern für Frau Rotkohl.«
»Für die olle Rotkohl?«, staunte das Sams.
»Ja, du darfst es auspacken«, erlaubte er.
Ein Kranz kam zum Vorschein. Allerdings ein sehr viel kleinerer als der von Taschenbier. Er war mit einem roten Stoffband umwickelt und hatte eine Schlaufe zum Aufhängen.
»Komm mit, wir gehen hinüber und schenken ihr den Kranz!«, sagte er.
»Das Kränzchen«, verbesserte das Sams.

Frau Rotkohl war aber kein bisschen begeistert über das Geschenk.
»Was soll das denn sein?«, fragte sie und drehte ihn unschlüssig mal auf die Ober-, mal auf die Unterseite.
»Na, ein kleiner Adventskranz«, sagte Herr Taschenbier. »Ich habe mir einen besorgt ...«
»Mir und dem Sams!«, verbesserte das Sams.
»... habe uns einen besorgt«, fuhr Herr Taschenbier fort. »Und da dachte ich, Sie würden sich auch über so ein Kränzchen freuen. Wie ich sehe, haben Sie noch keinen.«
»Ach, gehen Sie mir weg mit all dem Advents- und Weihnachtskram!«, sagte sie verächtlich. »Ich brauche das alles nicht.«
»Freuen Sie sich denn nicht auf Weihnachten?«, fragte Herr Taschenbier.
»Freuen?!«, rief sie. »Ich hasse Weihnachten. Ich habe es noch nie gemocht und schon gar nicht gefeiert.«
»Noch nie? Wirklich?«, fragte Herr Taschenbier, versuchte aber trotzdem noch einmal, sie für sein ungeliebtes Geschenk zu erwärmen. »Sie könnten den Kranz ja an Ihr Küchenfenster hängen«, schlug er vor. »Das sieht bestimmt hübsch aus von draußen.«
»Küchenfenster?«, wiederholte sie missmutig. »Na gut, dann geben Sie den Kranz schon her! Ich hänge ihn in mein Klo.«

»Keine sehr freundliche Frau«, stellte Herr Taschenbier fest, als sie wieder in ihrem Zimmer ankamen.
»Aber das wissen wir doch schon lange«, sagte das Sams.

»Bevor Frau Rotkohl freundlich schaut,
singen Weinbergschnecken laut,
fliegen Fische über Tannen,
hüpfen Schnitzel aus den Pfannen,
Elefanten fahren Mofa,
und ein Wal liegt auf dem Sofa.«

Regenreime

Am Morgen, beim Frühstück, hatte Herr Taschenbier die zweite Kerze am Adventskranz angezündet, und das Sams hatte sie ausblasen dürfen, als sie mit dem Frühstück fertig waren. Allerdings hatte es dabei so heftig gepustet, dass das heiße, flüssige Wachs einen halben Meter weit über den Tisch geweht wurde.
»Ob ich diese Wachsflecken jemals wieder rauskriege?«, fragte sich Herr Taschenbier. »Musstest du so heftig pusten? Jetzt hat die Tischdecke rote Punkte.«
»Punkte sind doch was Schönes«, behauptete das Sams. »Gegen meine Punkte hast du nie was gehabt.«
»Die waren ja auch blau, und man konnte mit ihnen wünschen«, sagte Herr Taschenbier.
Zusammen räumten sie dann das Geschirr ab und trugen es in die Küchenecke.
Herr Taschenbier blickte dort kopfschüttelnd aus dem kleinen Fenster.
»Gibt's da draußen was zu sehen?«, fragte das Sams.
»Nur Regen, Regen, Regen! Jetzt regnet es schon den

dritten Tag. Dieser Dezember weiß einfach nicht, was sich gehört!«

»Da bist du mal einer Meinung mit Frau Rotkohl«, sagte das Sams. »Sie hat es sogar gereimt gesagt, vorhin im Flur.«

»Gereimt? Bestimmt nur aus Versehen. Was hat sie denn gesagt?«

»Sie meinte: Regen gehört zum November und nicht in den Dezember.«

»Da hat sie recht«, sagte Herr Taschenbier.

»Sie hätte es natürlich noch besser reimen können«, sagte das Sams. »Ungefähr so:

Dieser dumme Dauerregen
kommt uns ziemlich ungelegen,
weil man, wenn der Winter startet,
nicht Regen, sondern Schnee erwartet!«

»Besser gereimt!«, lobte Herr Taschenbier.

»Und weil wir schon beim Reimen sind, schlage ich vor, dass wir den langweiligen Regentag ganz eilig kurzweilig machen«, sagte das Sams.

»Und wie?«, fragte Herr Taschenbier. »Was kann man gegen Regen machen, außer einen Regenschirm aufzuspannen? Das hat hier im Zimmer drin allerdings recht wenig Sinn.«

»Da hast du ja schon gemacht, was ich gerade vorschlagen wollte: Du hast ganz aus Versehen gereimt: Zimmer drin – wenig Sinn. Ich finde, wir reimen jetzt eine Weile Zeile um Zeile ...«
»Und das ganz ohne Eile«, ergänzte Herr Taschenbier. Er war ganz stolz, dass ihm dieser Reim eingefallen war.
»Ich fange an«, schlug das Sams vor und setzte sich an den Tisch mit der rot gepunkteten Tischdecke. »Ich sage die erste Zeile, und du erfindest eine zweite Zeile. Die muss sich natürlich reimen.«
»Ich verstehe.« Herr Taschenbier nickte und setzte sich neben das Sams. »Dann darf ich die dritte Zeile sagen, und du musst ein Reimwort finden. Und so weiter.«
»Genauestens genau!«, bestätigte das Sams. »Also: Es geht los jetzt, ich beginne.«
Herr Taschenbier wartete. Aber das Sams sagte nichts mehr, sondern sah ihn nur erwartungsvoll an.
»Was ist? Wann kommt denn deine erste Zeile?«, fragte Herr Taschenbier.
»Das war sie doch schon«, antwortete das Sams ungeduldig. »Es geht los jetzt, ich beginne ...«
»Ach so«, sagte Herr Taschenbier, dachte nach und fing dann an zu dichten:

»Es geht los jetzt, ich beginne.
Der Regen rinnt durch eine Rinne.
Unten rinnt er in ein Fass ...«
»Da wird das Fass von innen nass«,
ergänzte das Sams.
»Das arme Fass beschwert sich sehr ...«
»›Wo kommt denn diese Nässe her?‹«,
vollendete Herr Taschenbier.
»Was nass ist, wird meist wieder trocken.«
»Da bleibt man gern im Zimmer hocken,
dann trocknen auch die nassen Socken«,
reimte das Sams.

»Welche Socken?«, fragte Herr Taschenbier.

»Die Socken, die sich auf ›trocken‹ reimen, wenn man im Zimmer hockt«, sagte das Sams. »Wird dir das Dichten auch langweilig?«

»Ein bisschen«, gab Herr Taschenbier zu.

»Gut, dann erfinde ich jetzt ein neues Spiel«, schlug das Sams vor. »Wir schreiben erst das Alphabet auf einen Zettel, also A, B, C, D, E, F, G, H, I, J, K ...«

»Du musst mir nicht das ganze Abc vorsagen. Ich kenne es«, unterbrach Herr Taschenbier. »Und was dann?«

»Darunter schreiben wir zwei Sätze, in denen jedes Wort mit einem anderen Buchstaben beginnt.«

»Ich verstehe. Derselbe Anfangsbuchstabe darf in ei-

nem Satz nicht zweimal vorkommen. Ist das nicht zu einfach?«, fragte Herr Taschenbier.
»Du wirst schon merken, dass es ziemlich schwierig wird«, sagte das Sams. »Weil sich nämlich die beiden Sätze auch noch reimen sollen.«
»Gut, ich beginne«, sagte Herr Taschenbier, dachte kurz nach und schrieb dann:
»Die Heiligen Drei Könige auf ihren Kamelen ...«
»Falsch!«, rief das Sams.
»Was ist falsch?«, fragte Herr Taschenbier.
»Du hast das d zweimal verwendet: in *Die* und *Drei*!«
»Stimmt«, gab Herr Taschenbier zu. »Ich fange noch mal an: »Drei Könige ritten auf ihren Kamelen ...«
»Immer noch falsch!«, rief das Sams. »Zweimal K: in *Könige* und *Kamelen*!«
»Es ist doch nicht so einfach, wie ich meinte!«, sagte Herr Taschenbier. Jetzt dachte er erst ganz lange nach. Dann schrieb er:

»Drei eilige Räuber auf ihren Kamelen
wollten Frau Rotkohl vier Bockwürstchen stehlen.«

»Gut gereimt, trotzdem falsch!«, sagte das Sams: »Ein R in *Räuber* und *Rotkohl*!«
»Dann mache ich einfach zwei Gangster aus den Räubern«, sagte Taschenbier. »So geht es:

Drei eilige Gangster auf ihren Kamelen
wollten Frau Rotkohl vier Bockwürstchen stehlen.«

»Genau richtig!«, lobte das Sams. »Jetzt reime ich weiter:«

»Das ist den beiden nicht gelungen ...«

»Falsch!«, rief Herr Taschenbier. »Zweimal d!«
»Du hast recht«, sagte das Sams. »Dann lasse ich eben das ›den‹ weg. Also:

Das ist beiden nicht gelungen,
ein Löwe hat sie rasch verschlungen!«

»Wen hat dein Löwe verschlungen?«, fragte Herr Taschenbier. »Die Würstchen oder Frau Rotkohl?«
»Natürlich die Würstchen«, sagte das Sams. »Frau Rotkohl hätte ja gar nicht in ihn reingepasst.«
»Sehr logisch!«
»Und jetzt spielen wir ein neues Spiel«, schlug das Sams vor. »Wir bilden Sätze, in denen jedes Wort mit einem anderen Buchstaben anfangen muss!«
»Das haben wir doch gerade gespielt!«, sagte Herr Taschenbier.

»Aber die Spielregeln sind jetzt anders«, erklärte das Sams ihm. »Die Buchstaben müssen genau in der Reihenfolge kommen, wie sie im Alphabet stehen«, erklärte das Sams. »Also A-B-C-D-E- und so weiter!«

»Das ist nicht einfach.« Herr Taschenbier dachte nach, schrieb erst und las dann vor: »**A**nna **b**raucht **C**hristbäume, **d**ie **e**infach **f**allen.«

»Schon einigermaßen ziemlich recht gut«, lobte das Sams. »Wenn ich auch nicht ganz verstehe, warum Annas Bäume fallen sollen. Wie wäre das: **A**nna **b**raucht **C**hristbäume, **d**ie **e**inen **f**estlichen **G**lanz **h**aben.«

»Auch nicht schlecht!«, lobte Herr Taschenbier.

Einige Zeit später konnte man die merkwürdigsten Sätze auf den Zetteln lesen. Beim Sams stand:

»**A**nna **b**esorgt **C**hristbaumkugeln, **d**ie **e**inen **f**estlichen **G**lanz **h**aben, **i**n **j**edem **k**leinen **L**aden, **m**it **n**euen, **o**rdentlichen **P**apiertüten.«

Herr Taschenbier hatte den längsten Satz geschafft:

»**A**m **b**unten **C**hristbaum, **d**er **e**inen **f**eierlichen **G**eruch **h**at, **i**st **j**ede **K**ugel **l**iebevoll **m**it **n**euem, **o**ffensichtlich **p**rächtigen **Q**uecksilberglanz **r**ichtig **s**chön **t**ätowiert **u**nd **v**erziert **w**orden.«

»Grandios! Fehlen nur noch das X, Y und Z!«, stellte das Sams fest.

»Weißt du denn ein Wort, das mit X beginnt?«, fragte Herr Taschenbier.

»Sogar zwei!«
»Da bin ich gespannt«, sagte Herr Taschenbier.
»Xundheit und Xangverein«, wusste das Sams.
Herr Taschenbier lachte. »Schade, dass mir das nicht eingefallen ist! Und mit Y würdest du wahrscheinlich vorschlagen: Yagdwurst.«
»Es ginge auch Yaguar«, sagte das Sams und lachte auch.
»Schade, dass wir das nur zu zweit spielen«, sagte Herr Taschenbier. »Ich würde gerne mal lesen, welche ABC-Sätze anderen Spielern einfallen würden!«

Herr Taschenbier hat Fieber

Am 5. Dezember kam Herr Taschenbier ziemlich spät und schwer bepackt von der Arbeit nach Hause.
»Wo kommst du denn jetzt her?«, fragte das Sams und sprang aus der Hängematte, in der es ein wenig gedöst hatte.
»Vom Kostümverleih«, sagte Herr Taschenbier. »Willst du mal sehen, was ich mitgebracht habe?«
Er packte erst einen langen roten Mantel mit weißem Pelz an den Rändern aus, dann eine rote Zipfelmütze mit einer weißen Bommel, zwei rote Stiefel und schließlich einen langen weißen Wattebart.
Den Bart hängte er sich jetzt unter die Nase und setzte die rote Mütze auf.
»Na, wie seh ich aus?«, fragte er.
»Ziemlich lustig«, sagte das Sams. »Man erkennt dich gar nicht. Gehst du etwa so ins Büro?«
»Aber nein«, sagte Herr Taschenbier. »Morgen ist Nikolaustag. Ein Kollege von mir, Herr Lilienthal, hat eine fünfjährige Tochter. Für sie soll ich den Weihnachtsmann spielen und die Geschenke bringen.«

»Wieso sollst du am Nikolaustag den Weihnachtsmann spielen?«, wollte das Sams wissen. »Warum keinen Nikolaus?«

»Das frage ich mich auch.« Herr Taschenbier überlegte. »Als ich ein Kind war, kam zu mir immer der Nikolaus. Inzwischen nennt man ihn meistens Weihnachtsmann. Er sieht auch genauso aus wie der Weihnachtsmann in den Bilderbüchern oder im Fernsehen, mit seinem roten Mantel und der Zipfelmütze. Wie morgen Abend auch ich.«

»Warum spielt dieser Lilienthal nicht selber den Weihnachtsmann?«, fragte das Sams.

»Der könnte sich noch so toll verkleiden, Elvira würde ihren Papa an der Stimme erkennen!«

»Und da gehst du morgen hin mit diesem Bart und dem Mantel?«

»Und der Mütze und den Stiefeln«, sagte Herr Taschenbier. »Ich hab mir die Adresse doch notiert. Da ist sie ja: Rosenweg 37. Das muss irgendwo hinter dem Markusplatz sein.«

»Machst du das gerne?«, fragte das Sams.

»Ja. Verkleiden macht Spaß!«

»Stimmt!«, bestätigte das Sams. »Du nimmst mich doch mit? Ich werde mich ganz unbescheiden für ein Verkleiden entscheiden!«

»Das werde ich vermeiden!«, sagte Herr Taschenbier.

»Ich kann ja deinen Weihnachtsmann-Gehilfen spielen«, schlug das Sams vor. »Mit einem kleinen Bart und einer kleinen Mütze, ja?«
»Kommt nicht infrage!« Herr Taschenbier blieb dabei. »Ich spiele den Weihnachtsmann, und du wirst so lange, bitte schön, brav zu Hause im Zimmer bleiben.«
Er hätte es sich nicht träumen lassen, dass es genau umgekehrt kommen würde!

Im Lauf des Tages ging es Herrn Taschenbier zunehmend schlechter.
»Ich muss mich wohl erkältet haben«, sagte er zum Sams. »Ich glaube, ich habe Fieber.«
»Dann musst du dich ins Bett legen«, sagte das Sams.
Vorerst legte sich Herr Taschenbier erst mal aufs Bett.
»Willst du dich nicht zudecken?«, fragte das Sams.
»Nein, sonst fühle ich mich gleich richtig krank«, sagte Herr Taschenbier. »Ich ruhe mich nur ein bisschen aus.«
Aber nach einer Weile legte er sich doch richtig ins Bett und sagte: »Sams, gehst du bitte mal rüber zu Frau Rotkohl und fragst sie, ob sie mir mal ihr Fieberthermometer leiht?«
»Wird gemacht!«, sagte das Sams, klopfte an die Küchentür und stand kurz darauf in Frau Rotkohls Küche.

Sie saß am Tisch und schälte Äpfel.
»Wird das ein Apfelkuchen?«, fragte das Sams.
»Ja, das wird einer«, sagte sie. »Du könntest allerdings so höflich sein und erst mal Guten Tag sagen, wenn du in ein fremdes Zimmer kommst!«
»Erstens ist das kein fremdes Zimmer, weil ich es nämlich gut kenne«, sagte das Sams. »Zweitens ist das nicht dein Zimmer, sondern deine Küche, und drittens ist das überhaupt kein guter Tag, weil mein Papa nämlich krank ist. Deswegen soll ich, bitte schön, das Fieberthermometer holen.«
»Na gut, das kannst du haben«, rief sie, während sie es im Bad aus dem Wandschrank holte.
»So klein ist das?«, wunderte sich das Sams. »Das ist kein Fieberthermo-Meter, höchstens ein Fieberthermo-Zentimeter. Trotzdem danke schön!«
»Es ist aber nur geborgt, nicht geschenkt«, sagte sie.
»Ja, ja, ich bring es schon wieder zurück«, sagte das Sams.
»Sams leiht sich das Thermometer,
bringt es wieder, jedoch später.«
Sie lachte. »Und ich dachte schon, du willst wieder mal ein Würstchen aus meinem Kühlschrank klauen, als du hereinkamst!«
»Ein einziges, einzelnes, einsames Würstchen klauen? Wie kannst du nur auf so eine grausame Idee kom-

men«, wunderte sich das Sams. »Ich würde ein Würstchenpaar niemals auseinanderreißen, entzweien und für immer trennen.«
»Aha: Du würdest also gleich ein Paar mitgehen lassen?«
»Genauestens genau«, bestätigte das Sams und ging aus der Küche.
»Und sag deinem Papa: Den Adventskranz aus dem Klo musste ich in den Müll werfen«, rief sie dem Sams nach. »Der hat nämlich genadelt!«

»Achtunddreißig vier!«, stellte Herr Taschenbier fest, als er mit Frau Rotkohls Thermometer seine Temperatur gemessen hatte. »Das kann man als wirklich ordentliches Fieber bezeichnen. Nicht schlecht!« Er schien richtig stolz auf das Ergebnis der Messung zu sein. »Jetzt kann ich mit gutem Gewissen zu Hause bleiben und nicht ins Büro gehen.«
Das Fieber ging auch am nächsten Tag, dem Nikolaustag, kaum herunter.
Herr Taschenbier blieb im Bett und ließ sich vom Sams mit Saft versorgen. Frau Rotkohl hatte eine Hühnersuppe gekocht, ihm einen Teller davon spendiert und als Nachtisch sogar ein Stück Apfelkuchen.
»Eigentlich fühle ich mich in meinem Bett richtig

wohl«, sagte er. »Ganz gemütlich. Mir tut auch nichts weh. Nur das Fieber geht nicht weg. Mir macht aber etwas anderes große Sorgen.«
»Was macht dir denn Sorgen?«, fragte das Sams.
»Ich hatte doch versprochen, dass ich heute bei den Lilienthals den Weihnachtsmann spiele und ihrer Tochter Elvira Geschenke bringe. Ich kann das unmöglich. Es hat geschneit, und wenn ich mit Fieber durch den Schnee gehe, werde ich erst recht krank. Richtig krank, nicht nur erkältet. Was soll ich nur machen?«
»Kein Problem!«, beruhigte das Sams ihn. »Ich gehe zu diesen Lilienthals, klingele und sage: ›Der Weihnachtsmann bedauert es sehr, dass er heute nicht kommen kann. Mein Papa Taschenbier ist krank und liegt mit Fieber im Bett‹.«
»Eine gute Idee! Danke, Sams, dass du das für mich erledigst. Ich sag dir, wo die Lilienthals wohnen.«
»Weiß ich doch. Hast du gestern schon gesagt: Rosenweg 37«, sagte das Sams.
»Schön. Dann kann ich mich jetzt beruhigt gesund schlafen«, sagte Herr Taschenbier, gähnte und drehte sich auf die Seite.
Er schlief wirklich den ganzen Nachmittag und wachte nur ab und zu kurz auf, um einen Schluck Holundersaft zu trinken und dann weiterzuschlafen.
Als es Abend wurde, verabschiedete sich das Sams

flüsternd: »Jetzt schlaf weiter gut, Papa! Wenn du morgen aufwachst, ist das Fieber bestimmt wegverschwunden. Ich geh jetzt zu den Lilienthals, du kannst dich auf mich verlassen!«
Leise schloss es die Tür.
Am Garderobenhaken hing immer noch das Weihnachtsmann-Kostüm. Das Sams nahm den roten Mantel ab und schlüpfte hinein. »Wie hat Papa gesagt: Verkleiden macht Spaß. Da hatte er *so* was von recht!«, sagte es, während es sich im Spiegel betrachtete. »Dieser Mantel ist ein bisschen sehr lang, gewaltig übergroß, wenn nicht sogar riesig. Aber ich kann ihn ja hochziehen und den Gürtel fest zuziehen, dann kann ich damit losziehen.«
Jetzt musste das Sams nur noch in die roten Stiefel schlüpfen, sich den Bart umbinden und die rote Mütze aufsetzen, und schon konnte es als korrekt gekleideter, wenn auch etwas kleiner Weihnachtsmann aus dem Haus marschieren.

Unterwegs begegneten ihm immer wieder Weihnachtsmänner, die genauso gekleidet waren und im Vorübergehen freundlich grüßten.
Als das Sams am Markusplatz vorbeikam, hielt da sogar ein kleiner Bus am Straßenrand, aus dem gleich sechs Weihnachtsmänner stiegen. Alle in roten Mänteln, Zipfelmützen und weißen Wattebärten.

Einer der Weihnachtsmänner hatte wohl ein ähnliches Ziel wie das Sams, denn er bog mit ihm in den Rosenweg ein.

»Na, Alter«, grüßte er. »Auch einen Termin im Rosenweg?«

»Ja, hab ich«, antwortete das Sams knapp. Es hatte wohl keine Lust auf lange Unterhaltungen.

»Hast du den Job auch vom Studentenwerk?«

»Nein, Alter.« Das schien dem Sams wohl die übliche Anrede unter Weihnachtsmännern zu sein.

»Was kriegste denn für einen Besuch?«, wollte der Weihnachtsmann noch wissen.

»Gar nichts, Alter. Mach ich umsonst, kostenlos, gratis und gebührenfrei!«
Damit war das Sams schon bei der Hausnummer 37 angelangt.
»Da bin ich!«, sagte es. »Mach's gut, Alter.«
Der Weihnachtsmann-Kollege nickte und wünschte »Viel Spaß bei der Bescherung!«, bevor er weiterging.

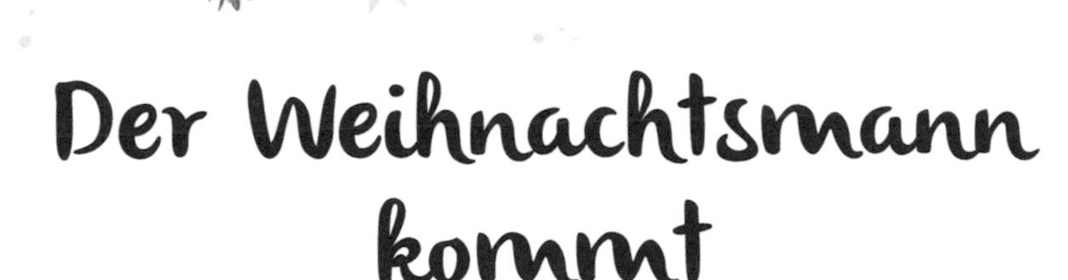

Der Weihnachtsmann kommt

Es klingelte bei Familie Lilienthal an der Haustür.

Die fünfjährige Elvira, die im Wohnzimmer auf dem Sofa gesessen hatte, sprang auf und fragte: »Ist das wohl der Nikolaus?«

Ihr Vater sagte: »Das werden wir gleich sehen!«

Ihre Mutter fragte: »Du bist bestimmt aufgeregt, ja?«

»Nö, kein bisschen«, sagte Elvira.

Herr Lilienthal ging zur Tür und öffnete. Draußen stand ein kleiner Weihnachtsmann in einem viel zu großen roten Mantel, der bis zum Boden reichte.

»Sie sind nicht Herr Taschenbier!«, stellte Herr Lilienthal unschwer fest.

»Gut beobachtet!«, lobte der Weihnachtsmann. »Ich bin seine aushilfsweise vollwertige Vertretung und komme als Ersatz an diesen Platz. Ich könnte auch sagen: Hier steht er, der Stellvertreter! Oder, falls Sie es immer noch nicht begriffen haben: Ich bin der selbst ernannte Gesandte von Herrn Taschenbier.«

Damit drängte er sich an Herrn Lilienthal vorbei in den Hausflur.

»Moment!«, rief Herr Lilienthal und hielt ihn am Mantelkragen zurück. »Ich muss Ihnen doch noch die Geschenke geben!« Er holte einen großen, bunt verzierten Stoffbeutel aus dem Flurschrank und reichte ihn dem Weihnachtsmann.

»Oh, Geschenke! Sehr großzügig!«, lobte der und kramte gleich im Beutel. »Nur Süßigkeiten?«, fragte er dann. »Das ist ja sehr nett. Aber noch lieber wären mir ein Paar Würstchen gewesen.«

»Würstchen? Elvira mag keine Würstchen«, sagte Herr Lilienthal.

»Ja, manche Kinder sind eben sehr verwöhnt«, stellte der Weihnachtsmann fest.

Er holte jetzt eine Puppe von ganz unten aus dem Stoffbeutel, hielt sie Herrn Lilienthal vorwurfsvoll unter die Nase und sagte: »Was soll das denn? Denken Sie, ich spiele noch mit Puppen, nur weil ich vielleicht ein kleines bisschen kleiner bin als andere Weihnachtsmänner?«

Nun begriff Herr Lilienthal endlich. »Aber die Geschenke sind doch nicht für Sie, sondern für Elvira. Hat Ihnen das Herr Taschenbier nicht gesagt? Also: Sie gehen jetzt rein, fragen Elvira, ob sie auch immer brav gewesen ist, lassen sie ein Nikolauslied singen und überreichen ihr die Geschenke. Und dann gehen Sie bitte wieder ganz schnell aus dem Haus!«

»Das weiß ich doch schon länger als längst«, behauptete der Weihnachtsmann.
»Gut. Dann klopfen Sie jetzt bitte ganz laut dort an die Wohnzimmertür!«, befahl Herr Lilienthal. »Damit Elvira ordentlich erschrickt.«
»Wieso soll sie denn erschrecken?«, fragte der kleine Weihnachtsmann.
»Das ist so üblich«, sagte Herr Lilienthal und schob den Weihnachtsmann vor sich her zur Wohnzimmertür. »Jetzt!«, befahl er.
Und da der Weihnachtsmann offenbar keine Lust hatte, das Mädchen zu erschrecken, pochte Herr Lilienthal selbst heftig an die Tür.
Von drinnen kam eine Mädchenstimme: »Herein!« Die Stimme klang etwas ängstlich, obwohl Elvira gerade noch behauptet hatte, sie sei nicht aufgeregt.
Zögernd ging sie ein paar Schritte auf den Weihnachtsmann zu, der nun ins Zimmer kam.
»Sie sind aber ein kleiner Weihnachtsmann«, sagte sie verblüfft.
»Du kannst ruhig Du zu mir sagen«, schlug der Weihnachtsmann vor. »Ja, ich bin ein kleiner, aber feiner, ungemeiner, stubenreiner Weihnachtsmann, der dich jetzt fragt: Bist du auch immer brav gewesen? Ich hoffe, du sagst jetzt nicht Ja!«
Elviras Mutter betrachtete den kleinen Weihnachts-

mann mit einer Mischung aus Neugier und Entsetzen.

»Warum soll ich nicht Ja sagen?«, fragte Elvira.

»Weil es gelogen wäre«, sagte der Weihnachtsmann. »Und weil ich brave Kinder sowieso nicht ausstehen kann. Brave Kinder sind langweilig. Und jetzt sollst du ein Lied singen, hat mir dein Vater gesagt! Kennst du denn eines?«

»Ich kenne viele Lieder«, behauptete Elvira.

»Zum Beispiel?«, fragte der Weihnachtsmann.

»Zum Beispiel *Atemlos durch die Nacht*«, sagte sie.

Ihre Mutter sagte schnell: »Der Weihnachtsmann meint bestimmt, ob du ein Weihnachtslied kennst!« Sie wandte sich an den Weihnachtsmann: »Das meinten Sie doch, nicht wahr?«

Der Weihnachtsmann nickte. »Dann fang mal an!«

Elvira überlegte kurz und begann zu singen:

»Lasst uns froh und munter sein
und uns recht von Herzen freu'n!
Lustig, lustig, tralerallera!
Bald ist Nikolausabend da,
bald ist Niko-laus-a-bend da!«

Der Weihnachtsmann hielt sich die Ohren zu.
»Etwas Dümmeres fällt dir wohl nicht ein!«, rief er. »Bald ist Nikolausabend da? Der Abend ist doch schon längst da. Und dieses alberne Tralleri-trallera! Das ist ja zum Weinen!«
»Weißt du denn ein besseres Lied?«, fragte Elvira.
»Und ob ich ein besseres weiß«, sagte der Weihnachtsmann. »Hör zu und sing es mir dann nach!«
Mit krächzender Stimme fing er an zu singen:

»Hallo, kleiner Nikolaus,
los, pack die Geschenke aus!
Leg sie zügig vor mich hin,
weil ich sonst beleidigt bin!
Im letzten Jahr
war der Sack halb leer.
Hoffentlich
gibt's dieses Jahr mehr!
Fide-ral-la-la,
fide-ral-la-la,
fide-ralla-lallaaaaa!«

»Ein mir unbekanntes Weihnachtslied!«, stellte Frau Lilienthal fest, die staunend zugehört hatte.
»Dieses unverschämte Lied wirst du nicht nachsingen, Elvira!«, befahl Herr Lilienthal. Zum Weihnachtsmann sagte er: »Nun überreichen Sie schon die Geschenke, und dann verabschieden Sie sich bitte schnell!«
»Wir sind noch nicht fertig«, sagte der und wandte sich an Elvira. »Jetzt haben wir geklärt, dass du mehr oder weniger brav warst. Nun muss ich aber noch wissen: Waren deine Eltern auch immer brav?«
Elvira blickte unschlüssig von ihrem Vater zu ihrer Mutter.
»Nun sag schon: Dem Weihnachtsnikolaus darf man nichts verschweigen!«, befahl der Weihnachtsmann.

»Na ja, sie streiten manchmal miteinander«, fing Elvira zögernd an.
Herr Lilienthal sagte unwillig: »Ich glaube, das interessiert den Weihnachtsmann kein bisschen.«
»Ganz unrichtig, wenn nicht sogar falsch!«, widersprach der. »Das interessiert den Weihnachtsmann sogar über-ober-außerordentlich. Worüber streiten sie denn?«
»Wenn Papa lange mit Frau Bellebauer spricht, wird Mama immer ganz sauer«, fing Elvira an. »Dann schimpft sie mit ihm.«
»Was heißt: mit ihr *spricht*! Schöne Augen macht er ihr!«, rief Frau Lilienthal.
»Nun übertreibe mal nicht!«, rief Herr Lilienthal.
»Wer ist denn diese Frau Bellebauer?«, fragte der Weihnachtsmann.
»Eine ganz schreckliche Person!«, sagte Elviras Mutter. »Zu *der* sollten Sie mal gehen und fragen, ob *sie* immer brav gewesen ist!«
»Red' nicht so von Roswitha!«, sagte ihr Mann.
»Ach, jetzt nennst du sie schon beim Vornamen!«, rief die Mutter.
Elvira mischte sich ein: »Lieber Weihnachtsmann, kann ich vielleicht, bitte schön, meine Geschenke bekommen, während Papa und Mama jetzt eine halbe Stunde weiterstreiten?«

»Aber natürlich!«, sagte der Weihnachtsmann und leerte seinen Stoffbeutel auf dem Tisch aus.
»Eine Puppe? Na ja. Lieber hätte ich ein Feuerwehrauto gehabt. Das konntest du ja nicht wissen«, sagte sie. »Aber sehr schöne Süßigkeiten!« Elvira freute sich. »Möchtest du ein Stück von der Schokolade abhaben? Vollmilch mit Nuss und Rosinen! Oder magst du lieber die weiße Schokolade?«
»Nein, danke«, antwortete der Weihnachtsmann. »Schokolade esse ich nur, wenn mir übel ist oder nachdem ich meine Zähne geputzt habe. Ich bin mehr der Würstchen-Typ!«
»Meinst du Wiener Würstchen?«, fragte Elvira. »Wir haben welche im Kühlschrank.«
»Wiener Würstchen!«, wiederholte der Weihnachtsmann schwärmerisch und rollte die Augen.
Elvira fragte: »Soll ich dir ein Würstchen holen?«
»Es können auch zwei oder drei sein«, sagte der Weihnachtsmann bescheiden.
Als Elvira wirklich mit drei Würstchen ankam, bedankte er sich, schob sich die Würstchen schnell unter seine rote Zipfelmütze und ging zur Tür.
»Ja, dann werde ich mich wohl verabschieden müssen«, rief er dabei. »Mach's gut, Elvira! Wiedersehen, liebe Lilienthaler! Und bitte nicht weiterstreiten! Schließlich ist heute Nikolaustag. Oder Weihnachts-

manntag? Ich muss mal Papa Taschenbier fragen. Der weiß Bescheid!«

Und schon war der kleine Weihnachtsmann aus dem Haus verschwunden.

Wenig später kam das Sams bei Herrn Taschenbier an, zog im Flur das Weihnachtsmann-Kostüm aus, hängte die rote Mütze an die Garderobe und nahm den weißen Bart ab.

Dann ging es leise in Taschenbiers Zimmer.

»Papa, schläfst du?«, fragte es flüsternd.

Herr Taschenbier richtete sich im Bett auf. »Mir geht es schon viel besser«, sagte er. »Ich glaube, ich habe gar kein Fieber mehr. Hast du den Lilienthals ausgerichtet, dass ich krank bin und deswegen nicht kommen konnte?«

»Ja, ich war bei den Lilienthals«, antwortete das Sams ausweichend.

Jetzt sah Herr Taschenbier, dass das Sams rote Stiefel anhatte. Es hatte vergessen, auch sie im Flur zu lassen.

»Du hast die Nikolausstiefel an? Wieso?«, fragte er.

»Bei diesem Schneewetter waren die Stiefel genau richtig«, sagte das Sams. »Ich hätte dich ja gefragt, ob ich sie anziehen darf, aber du hast so fest geschlafen, und ich wollte dich nicht wecken.«

»Das war sehr rücksichtsvoll von dir«, sagte Herr Taschenbier.

Er seufzte. »Muss ich auch ausgerechnet heute krank werden! Hoffentlich sind die mir jetzt nicht böse.«
»Nein, sind sie nicht. Es ist nämlich ein anderer Nikolaus gekommen«, tröstete das Sams ihn. »Die ganze Stadt ist ja heute voll von Nikoläusen. Oder waren es Weihnachtsmänner?«
»Wahrscheinlich beides«, sagte Herr Taschenbier.

Backen, Mogeln und Rodeln

Am Nikolaus-Abend hatte es so schön geschneit, doch nun taute es wieder ein wenig. Dort, wo viele Autos fuhren, war aus dem Schnee hässlicher grauer Matsch geworden.

Herr Taschenbier hatte beim Bäcker eingekauft, war dabei durch den Matsch gestapft und hatte die Schuhe anschließend zum Trocknen neben die Heizung gestellt.

Jetzt beschwerte er sich: »Meine schönen schwarzen Schuhe! So ein Mist!«

»Warum sind die Mist?«, fragte das Sams.

»Sieh sie dir doch an: Durch diesen Matsch und wahrscheinlich durch das Streusalz haben sie jetzt hässliche weiße Ränder!«

»Besser Schuhe mit Rändern als gar keine«, sagte das Sams. »Die Feuerländer in Feuerland lieben ihre Schuhe ganz besonders, wenn ihre Ränder schneeweiß sind. Die Ränder der Schuhe meine ich natürlich, nicht der Feuerländer.«

»Weshalb ausgerechnet die Feuerländer?«, fragte Herr Taschenbier.

»Weil es sich reimt:

Selbst der kleinste Feuerländer
trägt niemals Schuhe ohne Ränder.«

»Tja, da werde ich wohl meine Schuhe einem kleinen Feuerländer spenden müssen«, sagte Herr Taschenbier. Er hatte seinen Ärger schon vergessen.
»Ist aber gar nicht so einfach«, wusste das Sams:

»Willst du ihm die Schuhe spenden,
musst du sie per Luftpost senden.
Nach Feuerland, das ist bekannt,
wird die Post im Flug gesandt.«

»Gut gereimt«, lobte Herr Taschenbier.
»Das haben wir ja auch vorgestern lange geübt«, sagte das Sams.

Nun schneite es schon seit vier Tagen. Der Schnee war endlich liegen geblieben, und eine dicke weiße Haube bedeckte die Büsche auf der anderen Straßenseite. Auch die Hausdächer leuchteten jetzt weiß. Nur neben den rauchenden Schornsteinen war der Schnee durch die Wärme getaut, und das ursprüngliche Ziegelrot konnte sich durchsetzen.

Draußen vor dem Haus zogen Kinder mit ihren Schlitten vorbei. Sie waren auf dem Weg zum Rodelberg am Ende der Straße.
Noch vor einer Woche war das eine regennasse Wiese gewesen, die sich den Hang hinaufzog. Jetzt hatte sie sich in eine ziemlich schnelle Piste verwandelt, denn die vielen Schlitten, die da schon hinuntergesaust waren, hatten den Schnee hart und glatt gemacht.
Das fröhliche Geschrei der Schlitten fahrenden Kinder hörte man bis ins Rotkohl-Haus.

»Papa Taschenbier, fährst du mit mir Schlitten?«, fragte das Sams.
»Nein. Erstens käme ich mir als Erwachsener komisch vor zwischen all diesen Kindern«, sagte Herr Taschenbier.
Er hatte ein Kochbuch vor sich liegen und war gerade dabei, in einer Schüssel Butter, Zucker, Eier und Mehl zu verrühren.
»Und zweitens?«, fragte das Sams.
»Und zweitens habe ich keinen Schlitten«, antwortete Herr Taschenbier.
»Schade«, sagte das Sams. »Vielleicht hat Frau Rotkohl einen?«
»Du kannst sie ja mal fragen«, sagte Herr Taschenbier.
»Ja, aber nur, ob sie mir einen Schlitten leihen kann. Nicht, ob sie mit mir Schlitten fährt«, sagte das Sams.
Herr Taschenbier musste lachen. »Ich stelle mir gerade vor, wie du auf einem Schlitten zusammen mit Frau Rotkohl den Berg hinunterrast. Sitzt sie dann vorne oder du?«
»Wir würden abwechseln«, sagte das Sams. »Mal sitze ich vorne, mal sitzt sie hinten.«
»Ich verstehe«, sagte Herr Taschenbier. »Dann geh mal hinüber und frag sie!«
Das Sams zog seinen Bärenfell-Anzug an und klopfte an Frau Rotkohls Tür.

»Ja?«, rief sie von drinnen.
Das Sams kam ins Zimmer und fragte gleich: »Frau Rotkohl, hast du einen Schlitten?«
»Sehe ich so sportlich aus?«, fragte sie zurück. »Natürlich nicht.«
»Schade«, sagte das Sams.
»An Bären würde ich sowieso keinen Schlitten ausleihen. Die zerkratzen nur den Sitz mit ihren Krallen«, sagte sie in einem Anflug von Humor. »Außerdem fahren nur Eisbären Schlitten, keine Braunbären, wie du einer bist. Braune Bären rutschen höchstens auf ihrem Hinterteil den Berg hinunter.«
»Und anschließend wieder hinauf«, sagte das Sams. »Weiß doch jeder!«
Gerade als es zurückging, klingelte es an der Haustür. Frau Rotkohl und das Sams rannten gleichzeitig hin, um zu öffnen. Draußen stand Herr Mon. Er war schneebedeckt. Auf seinen Schultern und seinen Haaren türmten sich kleine weiße Schneepolster. Er schüttelte erst den Schnee ab, bevor er die beiden begrüßte.
»Guten Tag, Frau Rotkohl, hallo, Sams! Ist das nicht ein prächtiges Winterwetter? Ja, das ist es wirklich!«
»Kommst du zu mir oder zu Papa Taschenbier?«, fragte das Sams.
Jetzt erst betrachtete er das Sams. »Ist das die neueste Kindermode?«, fragte er. »Rentierfell-Anzüge?«

»Erstens bin ich kein Kind, sondern ein Sams«, stellte es richtig. »Außerdem ist es ein Bärenfell, kein Rentierfell. Das kannst du nur nicht wissen, weil mein Kopf auf dem Kühlschrank liegt.«
»Dein Kopf?«, fragte Herr Mon. »Kann man das verstehen? Nein, kann man nicht.«
»Ich meine den Bärenkopf«, sagte das Sams. »Jetzt hast du aber immer noch nicht gesagt, zu wem du kommst.«
»Zu euch«, antwortete er.
Er wandte sich an Frau Rotkohl. »Taschenbier und ich wollen heute Weihnachtsplätzchen backen. Natürlich werden wir Ihnen auch ein paar spendieren.«
»Zwei Männer wollen Plätzchen backen. Das kann ja was werden!«, sagte sie naserümpfend. »Müssen es denn gleich Weihnachtsplätzchen sein? Es genügt, wenn Sie mir einfach ein paar ganz normale Plätzchen schenken.«
»Wie Sie wollen«, sagte Herr Mon.
»Und jetzt kommen Sie endlich rein, Herr Mon! Aber treten Sie sich bitte vorher die Stiefel ab! Sie tropfen mir den ganzen Flur voll.«
»Die Stiefel trete ich nicht ab, weil ich noch mal vor die Tür muss«, sagte Herr Mon. »Ich habe nämlich eine Überraschung für Sie dabei. Ja, die habe ich.«
Er ging noch mal vor die Tür und brachte von dort

einen Christbaum, den er an die Hauswand gelehnt hatte. »Das ist mein vorzeitiges Weihnachtsgeschenk! Ein kleiner, aufrechter, schön gewachsener Baum! Ja, das ist er.«
»Danke!«, sagte Frau Rotkohl knapp. »Den tragen Sie bitte wieder nach draußen und stellen ihn in den kleinen Schuppen hinter dem Haus. Da finden Sie auch eine Säge.«
»Säge?«, fragte Herr Mon.
»Genau«, bestätigte sie. »Damit sägen Sie erst alle

Zweige ab und legen sie zum Trocknen beiseite. Und den Baumstamm sägen Sie dann in ungefähr dreißig Zentimeter lange Stücke.«

»Sägen? In Stücke?«, fragte Herr Mon entsetzt. »Dreißig Zentimeter?«

»Ja, damit ich sie in meinen Kaminofen schieben kann. So passen sie genau durch die Ofentür.«

»Aber das ist doch ein Christbaum. Ja, das ist er!«

»Ich brauche keinen Christbaum«, sagte sie. »Um es mal ganz deutlich zu sagen: Ich hasse Weihnachten und alles, was damit zu tun hat.«

»Schade«, sagte er. »Aber bevor ich den Baum zersäge, trage ich ihn lieber wieder vor die Tür und lasse ihn da stehen für meinen Freund Taschenbier.«

Er wandte sich an das Sams: »Oder hat er schon einen?«

»Ich habe keinen gesehen«, sagte das Sams. »Warum wolltest du Frau Rotkohl ausgerechnet einen Baum schenken?«

»Einen Tannenbaum, ja. Warum habe ich ihr den wohl mitgebracht? Das weißt du wirklich nicht?«

»Nein, woher soll ich das wissen?«, sagte das Sams.

»Nun, es hat sich in der Stadt herumgesprochen, dass Frau Rotkohl gerne einen Wald pflanzen möchte, und mit diesem Baum will sie beginnen«, behauptete Herr Mon und blinzelte dabei Frau Rotkohl zu.

Die schüttelte unwillig den Kopf, sagte aber nichts dagegen.
Das Sams sah Herrn Mon zweifelnd an: Machte er einen Scherz, oder war es sein Ernst? »Einen Wald?«, wunderte es sich. »Wo soll der denn wachsen?«
»Im Vorgarten. In einem Jahr steht da ein schöner Wald, und bald kannst du die scheuen Waldtiere von deinem Fenster aus beobachten. Die Hasen, die Rehe, die Waldohreulen, die Füchse und die Borkenkäfer«, baute Herr Mon seine Geschichte aus. »Vielleicht streckt dann mal ein Hirsch seinen Kopf durchs Wohnzimmerfenster von Frau Rotkohl und sagt ›Guten Tag, schöne Frau‹. Wäre das nicht lustig? Ja, das wäre es.«
Frau Rotkohl sagte: »Herr Mon, reden Sie nicht solchen Unsinn!« Und zum Sams: »Aus dem Baum da draußen soll ein Christbaum werden, hast du ja gehört!«
»Christbaum?«, fragte das Sams.
»Weißt du wirklich nicht, was das ist?«, fragte Frau Rotkohl. »Den stellt dann dein Herr Taschenbier im Zimmer auf und hängt irgendwelche Sachen dran.«
»Würstchen?«, fragte das Sams.
»Eher Kerzen und Kugeln. Auch ein paar Tannenzapfen aus Schokolade und viel Lametta«, vermutete Herr Mon. »So wird er ihn schmücken, ja, das wird er.«
»Kerzen kommen mir nicht an den Baum!«, rief sie. »Nein, nein. Das kann er vergessen. Da kommt höchs-

tens eine elektrische Lichterkette hin. Ich will doch keinen Wohnungsbrand löschen müssen!«
»Du musst ihn gar nicht löschen, das mache ich gerne für dich«, schlug das Sams vor.

»Kaum beginnt der Wohnungsbrand,
kommt das Sams schon angerannt
mit einem Eimer in der Hand.
Ist's dann ausgekippt, das Wasser,
ist die Wohnung etwas nasser.«

»Nasse Wohnung! Das könnte dir so passen!«, rief Frau Rotkohl. »Mit Zimmerüberschwemmungen habt ihr ja Erfahrung, du und dein Herr Taschenbier!« Zu Herrn Mon sagte sie: »Jetzt ziehen Sie endlich die nassen Stiefel aus und gehen zu Ihrem Freund Taschenbier!«
Herr Mon zog brav seine schneebedeckten Stiefel aus und stellte sie neben die Tür auf den Boden.
»Darf ich auch mithelfen beim Backen?«, fragte das Sams.
»Aber natürlich darfst du das!«, sagte er. »Kinder lieben doch das Plätzchenbacken.«
»Ich bin kein Kind, ich bin ein Sams. Habe ich dir doch gerade schon gesagt«, beschwerte sich das Sams. »Das weißt du genauestens genau, Onkel Mon.«

»Das weiß nicht nur Herr Mon, das weiß auch ich nur zu genau«, sagte Frau Rotkohl. »Wie oft habe ich mir schon gewünscht, dass du ein braves, wohlerzogenes Kind wärst und kein freches Sams.«

»Gut, dass du das nicht gewünscht hast, als ich noch Wunschpunkte im Gesicht hatte«, sagte das Sams und ging mit Herrn Mon in Taschenbiers Zimmer.

Der hatte seinen Freund Mon schon im Flur reden hören und sagte gleich: »Na, dann wollen wir mal! Den Teig habe ich schon fertig und im Kühlschrank gelagert.«

Er holte ihn heraus und legte ihn auf ein großes Küchenbrett.

»So, Mon: Jetzt kommt deine Aufgabe. Nun muss der Teig mit dem Nudelholz ausgerollt werden. Da sind deine starken Arme gefragt!«

»Starke Arme? Ja, das sind sie. Das hast du nett formuliert, Taschenbier. Ja, das hast du«, sagte Herr Mon, zog seine Jacke aus und schlüpfte in die Schürze, die ihm

sein Freund hinhielt, griff nach dem Nudelholz und begann, den dicken Teigberg erst etwas flacher zu drücken und dann auszurollen.
Das Sams schaute interessiert zu.
»Du darfst Mehl darüberstäuben«, erlaubte Herr Taschenbier. »Sonst klebt der Teig am Nudelholz fest. He, nicht naschen!«
Als der Teig flach ausgerollt war, wurden nun die Plätzchen mit Blechförmchen ausgestochen und auf ein zweites Brett gelegt, das auch mit Mehl eingestäubt war. Da lagen dann Sterne, Monde, Herzen und Vierecke.
»Ist das nicht ein bisschen langweilig? Immer bei allen Weihnachtsplätzchen von allen Familien immer die gleichen Sterne und Monde?«, fragte Herr Mon.
»Es gibt eben nur diese Ausstechförmchen zu kaufen«, sagte Herr Taschenbier.
»Warum nehmen wir nicht ein spitzes Messer und schneiden unsere eigenen Formen aus?«, schlug Herr Mon vor.
»Na gut, wenn du meinst«, sagte Herr Taschenbier.
»Sehr gute Idee!«, lobte das Sams. »Ich

könnte ja eine Würstchenform rausschneiden. Geht nicht schwer. Einen Schlauch mit einer Kurve in der Mitte und hinten und vorne zwei Dreiecke als Wurstzipfel.«
»Und ich könnte mir zum Beispiel einen Hasen vorstellen«, sagte Herr Mon.
»Hasen? Ich dachte, wir feiern Weihnachten und nicht Ostern«, sagte Taschenbier lachend.
»Es können auch andere Tiere sein. Ja, das könnten sie. Zum Beispiel ein Papagei«, schlug Herr Mon vor.
»Oder ein Wal«, ergänzte das Sams.
»Dann schneide ich mal einen Uhu aus«, beschloss Herr Taschenbier. »Mit zwei Rosinen als Augen.«
»Vielleicht auch ein Regenwürmchen«, sagte das Sams. »Falls man nur einen kleinen Hunger hat.«

Die vielen fertigen Teigplätzchen mussten jetzt im Elektroherd gebacken und vorher auf ein Backblech gelegt werden.
Dabei stellte sich heraus, dass unten im Herdfach nur ein einziges Blech zu finden war.
Herr Taschenbier überlegte: »Wo kann nur das zweite Blech sein? Das tiefe mit dem hohen Rand? Das eine reicht nie und nimmer für die vielen Plätzchen, die wir ausgestochen haben!«
»Keine Panik, Taschenbier«, beruhigte Herr Mon ihn.

»Dann backen wir eben erst die erste Ladung und danach die zweite. Ja, das machen wir.«
»Aber das dauert dann doppelt so lange. Wo kann nur das zweite Blech ...« Er hielt plötzlich inne. Ihm war etwas eingefallen.
»Natürlich! Frau Rotkohl!«, rief er.
»Was ist mit der?«, fragte das Sams.
»Ich habe ihr letzte Woche das tiefe Blech ausgeliehen, weil sie darin Würstchen braten wollte. Sie wollte es anschließend zurückbringen. Hat sie das? Nein, hat sie nicht!«
»Sprichst du schon wie Onkel Mon? Ja, das tust du«, sagte das Sams lachend. »Das ist doch alles kein Problem. Ich gehe hinüber zu ihr und hole dieses extratiefe Blech.«
»Ja, das tiefe mit dem hohen Rand! Sag ihr, sie soll das Blech aber vorher auswaschen. Nicht dass unsere Plätzchen dann nach Würstchen schmecken.«
»Solche Plätzchen fände ich oberhöchstlecker«, sagte das Sams, während es hinausging. »Du kannst ja mit Herrn Mon Tee trinken, bis ich wieder da bin mit dem Blech.«
»Tee trinken? Hast du etwa vor, erst nach einer Viertelstunde zurückzukommen?«, fragte er.
»Nein, ich habe was ganz anderes vor!«, murmelte das Sams.

So leise, dass die beiden es nicht hören konnten.
»Frau Rotkohl, ich soll unser Backblech holen«, sagte es drüben in Frau Rotkohls Wohnung.
»Oh, das hatte ich tatsächlich vergessen! Sag deinem Herrn Taschenbier, ich bitte um Entschuldigung.«
Sie holte das Blech und drückte es dem Sams in die Hand.
Das klemmte sich das Blech unter den Arm, ging aber nicht etwa zurück, sondern schnell zur Haustür und ins Freie.

Das Sams folgte dem fröhlichen Geschrei der Kinder und kam bald mit seinem Blech oben auf dem Hang an. Da standen einige Kinder, hielten ihren Schlitten an der Schnur fest oder saßen darauf. Sie warteten, bis die Kinder, die vor ihnen den Hang hinuntergefahren waren, die Piste wieder frei machten, oder sie feuerten die Kinder an, die gerade hinunterfuhren.
»Lasst mich mal durch!«, rief das Sams und drängte sich durch die wartenden Kinder.
»Wer bist du denn?«, fragte ein Junge.
»Was hast du mit deiner Nase gemacht?«, wollte ein anderer wissen, und ein Mädchen fragte: »Ist das echtes Fell, was du da anhast?«
»Ein bisschen viele Fragen auf einmal«, sagte das Sams lässig. »Fangen wir mit der letzten an: Ja, das ist

ein echtes Fell. Das Fell von einem Gebirgsbären, den mein Papa eigenhändig erlegt hat.«
»Echt? Ist das wahr?«, fragten die Kinder.
»Und ob das wahr ist!«, behauptete das Sams. »Mein Papa wurde nämlich von einem riesigen wilden Bären angegriffen. Es gab einen Kampf auf Leben und Tod. Er hat den Kampf gewonnen und dem wütenden Bären den Dolch direkt ins Herz gestoßen.«
»Schrecklich!«, rief ein Mädchen. »Der arme Bär!«
»Der war sofort tot. Er musste nicht leiden«, beruhigte das Sams sie. »Oder wäre es dir lieber gewesen, wenn der Bär meinen Papa aufgefressen hätte?«
»Nein, natürlich nicht. Und dann?«
»Dann hat man dem Bären das Fell abgezogen.«
»Und dann?«, fragte das Mädchen weiter.
»Ein Schneider hat daraus diesen Fellanzug für mich genäht und für meinen Papa ein paar Hausschuhe. Den Rest des Fells haben wir einer armen Familie geschenkt. Die konnte daraus Fellmützen für sämtliche Verwandten nähen.«
»Das war großzügig«, sagte ein Mädchen.
»Ja, da hast du recht, wenn nicht sogar ziemlich echt recht«, sagte das Sams und setzte sich auf das Backblech. Die Füße stellte es links und rechts startbereit in den Schnee.
»Willst du auf diesem Blech Schlitten fahren? Ehrlich?

Ist das dein Ernst?«, riefen die Kinder durcheinander. »Spinnst du? Das geht doch gar nicht!«
»Geht nicht?«, wiederholte das Sams. »Gleich werdet ihr sehen, wie gut das geht!« Es schrie: *»Achtung, fertig, los! Ich rase schneller als der Osterhase!«*, schubste sich mit den Füßen an, kam in Fahrt und raste schneller als jeder Schlitten bergab. Nicht nur das: Unten stellte es die Füße auf, ging in die Hocke und kam, auf dem Blech stehend, an, die Arme weit ausgestreckt. 
Als es dann wieder hinaufkam, das Blech unterm Arm, klatschten die Kinder Beifall. Einige klopften ihm anerkennend auf die Schulter. »Klasse! Super! Das war spitze! Toll!«, andere fragten: »Fährst du schon immer auf diesem Backblech Schlitten?«
»Erstens fahre ich nicht Schlitten, weil es ja kein Schlit-

ten ist«, sagte das Sams. »Und zweitens ist das alles andere als ein Backblech! Oder habt ihr vorher schon mal jemanden gesehen, der Backblech fährt?«
»Nein. Aber was ist es denn dann?«, fragten die Kinder.
»Das ist ein Dzongo, den ich aus dem Himmerleia-Gebirge mitgebracht habe«, behauptete das Sams.
»Es heißt ›Himalaja‹«, verbesserte ein Mädchen.
»Warst du da, oder war ich da?«, fragte das Sams. »Ich werde doch noch wissen, wo ich gewesen bin! Das war genau da, wo mein Papa auf den Bären geschossen hat.«
»Ich denke, er hat ihn mit einem Dolch erstochen?«, fragte ein Kind.
»Dolch? Ja, ja, das hat er ja auch«, sagte das Sams schnell. »Ich habe nicht gesagt, dass er den Bären erschossen hat, sondern dass er auf ihn geschossen hat.

Der Schuss ging aber um Haaresbreite am linken Ohr des Bären vorbei.«
»Da hat er Glück gehabt!«, sagte ein Junge.
»Wer hat Glück gehabt? Der Bär oder mein Papa?«
»Dein Papa natürlich, weil er den Bären trotzdem besiegt hat.«
»Was genau ist denn ein Dzongo?«, fragte ein anderer Junge.
»So nennt man ihn in der Landessprache. Übersetzt heißt es so was wie ›Berg-Rutscher‹. Davon hat dort jeder Bewohner mindestens zwei. Einen für Werktage und einen besonders schön bemalten für Feiertage. Ich hätte mir gerne so einen bunten Dzongo mitgebracht, aber er war meinem Papa zu teuer.«
»Was hätte er denn gekostet?«, fragte einer der Jungen.
»Hundertzehn Komori und fünfzig Retuschel«, sagte das Sams.
»Klingt ziemlich teuer«, stellte der Junge fest.
»Ist es auch«, bestätigte das Sams und erzählte weiter: »Jedes Kind dort bekommt zu seinem vierzehnten Geburtstag so einen Rutscher geschenkt, das ist der Brauch. Ihr könnt euch gar nicht vorstellen, was da für ein Verkehr herrscht. Es ist ja alles bergig dort. Man muss höllisch aufpassen, dass man nicht umgefahren wird.«

»Klingt spannend«, sagte ein Junge.
»War auch spannend«, bestätigte das Sams. »Mein Papa und ich hatten am Anfang Schwierigkeiten auf unseren Dzongos und mussten uns erst umstellen. Dort herrscht nämlich Linksverkehr.«
»Wieso wart ihr überhaupt in diesem Gebirge, du und dein Papa?«, fragte ein anderer Junge.
Alle Kinder hatten jetzt ihre Schlitten erst mal stehen gelassen und sich gespannt um das Sams versammelt.
»Mein Papa Taschenbier ist einer der berühmtesten Bergforscher Mitteleuropas«, behauptete das Sams.
»Was gibt es denn an einem Berg zu forschen?«, wollte ein Mädchen wissen.
»Die Höhe natürlich. Die Höhe!«, rief das Sams. »Wenn der Berg nämlich nicht eine bestimmte Höhe hat, darf er in den Landkarten nicht als Berg eingezeichnet werden, sondern höchstens als Hügel. Im schlimmsten Fall steht in den Karten dann nicht Berg, sondern Tal.«
»Und wie hoch ist diese bestimmte Höhe?«, fragte das Mädchen.
»Das sind exakt 578 Meter«, behauptete das Sams.
»Warum genau 578 Meter?« Das Mädchen ließ nicht locker.
»So genau weiß ich das auch nicht«, gab das Sams zu. »Es hängt entweder mit der Luftfeuchtigkeit zusammen, mit dem Luftdruck, mit der Himmelsrichtung

oder mit der Windgeschwindigkeit. Ihr könnt ja mal Frau Rosenkohl fragen. Die weiß Bescheid.«
»Rosenkohl? Was für eine Frau Rosenkohl?«, wollten die Kinder wissen.
»Sie wohnt da unten in dem gelben Haus, an dem außen ein Tannenbaum lehnt. Sie ist Köchin und war für die Versorgung unserer Expedition zuständig«, erzählte das Sams. »Ihr werdet es nicht glauben: Selbst in 578 Meter Höhe konnte sie bei eisigem Wind mit einem Gaskocher auf ihrem Dzongo Plätzchen backen. Bei dieser Gelegenheit fällt mir ein, dass ich ja den Dzongo zurückbringen soll.«
»Zu Frau Rosenkohl?«, fragte ein Junge. »Wozu braucht sie ihn denn? Will sie damit wieder Plätzchen backen, oder will sie rutschen?«
»Ich schätze, sie will damit einkaufen fahren«, sagte das Sams. »Wiedersehen! Bis zum nächsten Mal!«
Es setzte sich auf das Backblech, raste zum zweiten Mal den Hügel hinunter, nahm dann das Blech unter den Arm und stiefelte durch den Schnee davon.
»Wie soll sie denn mit dem Dschongo einkaufen fahren, wenn es vor ihrem Haus doch gar nicht bergab geht?«, rief ein Mädchen dem Sams nach.
»Dzongo, es heißt Dzongo!«, verbesserte das Sams. »Sie hat ihren Staubsauger als Außenbordmotor umgebaut. Ihr Rutscher erreicht damit eine Spitzen-

geschwindigkeit von achtzig Stundenkilometern. So schnell fährt sie aber nicht mehr, seitdem sie vom Radar geblitzt wurde und eine Strafe zahlen musste.«
Es winkte noch einmal zurück und war kurz darauf im gelben Haus verschwunden.

»Das hat vielleicht lang gedauert! Warum hast du so lange getrödelt?«, fragte Herr Taschenbier, als das Sams zu ihm und Herrn Mon ins Zimmer kam.
»Ich habe nicht getrödelt, sondern bin gerodelt«, sagte das Sams, während es den feuchten Bärenfell-Anzug auszog und über die Stuhllehne hängte.
»Mach du nur Witze!«, sagte Herr Taschenbier sauer.
»Wie du siehst, sind wir inzwischen tatsächlich beim Teetrinken«, sagte Herr Mon. »Und das erste Blech mit Plätzchen ist schon fertig. Darf das Sams mal eines kosten? Ja, das darf es. Nicht wahr, Taschenbier?«
»Wenn es sein muss«, antwortete der.
Das Sams nahm sich ein Plätzchen in Würstchenform vom Teller.
»Na, wie schmeckt's?«, fragte Herr Mon.
»Einigermaßen ziemlich gut gelungen«, stellte das Sams fest. »Aber mit Würstchen-Aroma hätte es noch viel besser geschmeckt, wenn nicht sogar leckerer, um nicht zu sagen, würziger. Aber leider hatte Frau Rotkohl das Blech vorher abgewaschen.«

Weihnachts-vorbereitungen

Herr Taschenbier und das Sams saßen am Tisch in der Küchennische. Er schälte Pellkartoffeln, das Sams knackte Walnüsse und sang dabei:

»Weil die Walnuss
in den Salat muss,
wird die Schale schnell entfernt,
und die Walnuss ist entkernt!«

»Mit vollem Mund singt man nicht!«, sagte Herr Taschenbier. »Außerdem sollte, bitte schön, höchstens jeder zehnte Walnusskern in deinem Mund landen und nicht wie jetzt jeder zweite.«
Das Sams ließ sich nicht beirren und sang weiter:

»Den Walnusskern esse ich gern.
Walnuss-ker-ne mag ich sehr,
Walnussschalen we-ni-ger!«

»Das geht mir genauso«, sagte Herr Taschenbier lachend. »Ich hoffe, dass keine Schalen in der Schüssel landen!«

Herr Taschenbier bereitete zusammen mit dem Sams den Weihnachtssalat vor.

»Es sind zwar noch zwei Tage bis zum Heiligen Abend«, sagte er dabei. »Wir machen aber heute schon den Weihnachtssalat, damit er an Weihnachten gut durchgezogen ist. Dann schmeckt er besser.«

»Der Salat wird ungelogen
allerbestens durchgezogen«,

bestätigte das Sams.

»Seit ich ein Kind bin, gibt es am Weihnachtsabend immer den gleichen Salat«, erzählte Herr Taschenbier.

»Sind da auch Würstchen drin?«, fragte das Sams.

»Drin nicht. Die gibt es aber dazu. Drin sind Äpfel, Nüsse, Rote Bete, Gürkchen und Kartoffeln. Alles schön klein geschnitten und gemischt. Mein Vater mochte es, wenn der Salat mit Mayonnaise angemacht war, meine Mutter nahm lieber Essig und Öl.«

»Und wer hat gewonnen?«, fragte das Sams.

»Keiner. Sie haben immer brav abgewechselt: Ein Weihnachten mit Mayonnaise, das nächste mit Essig und Öl. Als Kind durfte ich die Liste schreiben.«

»Liste?«

»In der stand, wie der Salat im letzten Jahr angemacht war.«

»Ein guter Plan«, lobte das Sams.
»Ehrlich gesagt, habe ich dabei manchmal geschummelt.« Herr Taschenbier wurde sogar ein wenig rot bei diesem späten Geständnis.
»Geschummelt? Wie denn?«, fragte das Sams.
»Die Mayonnaise war mir zu fett, deshalb habe ich E und Ö in die Liste eingetragen, obwohl eigentlich M an der Reihe war.«
»E und Ö? Essig und Öl! Das traut man dir gar nicht zu. Und deine Eltern haben nichts gemerkt?«
»Vielleicht schon. Aber sie haben es sich nicht anmerken lassen. Es waren gute Eltern.«
Herr Taschenbier hörte auf, Kartoffeln zu pellen. Er blickte ins Leere.
Das Sams fragte vorsichtig: »Du sagst: Es *waren* gute Eltern. Sind sie ...«
»Ja, sie sind schon tot«, vollendete Herr Taschenbier den Satz.
»Bist du jetzt traurig?«, fragte das Sams.
»Nein, nein. Es ist ja schon ganz lange her«, sagte er. »Komm, lass uns weitermachen!«
Nachdem sie eine Weile Kartoffeln und Gürkchen klein geschnitten hatten, hörte Herr Taschenbier damit auf und legte das Messer beiseite.
»Du machst schon wieder so ein Nachdenk-Gesicht«, stellte das Sams fest.

»Das hast du gut erkannt«, gab Herr Taschenbier zu. »Ich denke.«
»An die Geschenke?«, fragte das Sams.
»Nein. Auch wenn es sich reimt. Als ich ein Kind war, hatten wir immer viele Weihnachtsgäste«, erzählte Herr Taschenbier. »Die Stühle am Esszimmertisch haben gar nicht ausgereicht, wir mussten sämtliche Küchenstühle dazustellen.«
»Wer war denn dabei?«
»Meine Eltern, meine Großeltern, Onkel Florian, Tante Marga, und manchmal hatten wir auch unseren Nachbarn eingeladen, Herrn Dörrlein. Der ging allerdings allen ein bisschen auf die Nerven. Er kannte nämlich von allen Weihnachtsliedern sämtliche Strophen. Wir sangen meistens nur zwei, höchstens drei. Herr Dörrlein kannte oft sieben und sang tapfer allein weiter, Strophe um Strophe. Und alle mussten mit dem Essen warten, bis er mit allen durch war. Es war trotzdem immer lustig. Und jetzt überlege ich, wen ich am Weihnachtsabend einladen könnte.«
»Mich natürlich«, sagte das Sams.
»Dich muss ich nicht einladen, du bist ja schon da!«
»Onkel Mon?«, schlug das Sams vor.
»Ja. Der hat schon zugesagt. Ich dachte sogar schon mal an Frau Rotkohl«, sagte Herr Taschenbier. »Ich kann sie ja mal fragen.«

»Aber nur, wenn sie mir nicht die ganzen Würstchen wegisst!«
»Die wird sowieso nicht kommen. Sie mag ja Weihnachten nicht.«
»Warum lädst du nicht diesen Onkel Florian und die Tante Marga ein?«
»Die sind viel zu weit weg. Onkel Florian ist Flughafen-Chef in Feuerland. Tante Marga hat einen Forscher geheiratet und leitet in Afrika eine Gorilla-Station.«
»Ich kann mir denken, weshalb du viele Weihnachtsgäste schön findest«, sagte das Sams.
»So? Weshalb denn?«
»Weil nämlich alle Geschenke für dich mitbringen.«
Herr Taschenbier lachte. »Nein, an Geschenke habe ich dabei nicht gedacht.«
»Du magst also viele Weihnachtsgäste!« Das Sams grinste. »Jetzt weiß ich, was ich dir zu Weihnachten schenken kann.«
»Was denn?«
»Weihnachtsgäste!«
»Hast du etwa vor, irgendwelche beliebigen Menschen in der Stadt zu fragen, ob sie mit mir Weihnachten feiern möchten?«, fragte Herr Taschenbier.
Ihm schien der Gedanke nicht besonders gut zu gefallen. Obwohl er doch gerade noch von vielen Weihnachtsgästen geschwärmt hatte.

»Ich werde keine irgendwelche Beliebigen und erst recht keine unbeliebigen Irgendwelche fragen«, versicherte das Sams. »In der Stadt schon gar niemals nicht!«
»Nicht in der Stadt? Wo denn sonst? Auf dem Land?« Herr Taschenbier musste bei dem Gedanken lachen. »Nicht dass du am Ende einen Ochsen und einen Esel vorbeibringst!«
»Nein, auch keine barfüßigen Hirten«, versicherte das Sams.
»Wen denn dann?«, fragte Herr Taschenbier.
»Wer sagt denn, dass ich überhaupt jemanden vorbeibringe?«, fragte das Sams zurück. »Und jetzt stell nicht ständig neue Fragen, denn ich muss nachdenken und darf nicht unterbrochen werden.«
Nun schwiegen beide. Herr Taschenbier schälte weiter Kartoffeln und schnitt sie dann zu kleinen Würfeln. Schließlich fragte er: »Worüber musst du denn so angestrengt nachdenken?«
»Ich muss mich erst an ein Wort erinnern, und dann muss ich ausprobieren, ob das Wort auch wirklich wahrhaft wirkt«, sagte das Sams. Es überlegte: »Ich glaube, es war die Sams-Regel 414.«
»Aha«, sagte Herr Taschenbier.
»Vielleicht war es auch 456, wenn nicht sogar 198 oder 507!«

»Warum nicht 346 oder 105?«, fragte Herr Taschenbier lachend.
»Mach keine Witze!«, sagte das Sams. »Du bringst mich völlig durcheinander.«
»An welches Wort willst du dich denn erinnern?«, fragte Herr Taschenbier.
»Das kann ich nicht aussprechen, weil das Wort ja sonst sofort wirkt«, sagte das Sams. »Du darfst es nicht hören und nicht sehen. Ein Sams-Geheimnis, verstehst du?«
»Nein, ich verstehe nichts«, sagte Herr Taschenbier. »Seit wann kann ich ein Wort sehen?«
»Das Wort nicht. Aber das, was nach dem Wort geschieht!«
»Aha«, machte Herr Taschenbier noch einmal.
Das Sams nickte ihm zu. »Jetzt ist mir das Wort endlich eingefallen! Ich geh mal aus dem Haus, ja? Und nicht entsetzlich entsetzt sein, wenn ich dann wegverschwunden bin!«
»Weg? Wieso? Wo gehst du hin?«, fragte Herr Taschenbier. »Willst du nicht dein Bärenfell anziehen? Es schneit draußen!«
»Da, wo ich hinwill, schneit es nie«, behauptete das Sams.
»Was heißt: Es schneit nie?«
Vom Sams kam keine Antwort. Es war schon aus der Tür gerannt.

Vor dem Haus holte es erst tief Luft und rief dann: »Trofos!«, und noch einmal »Trofos!«
Herr Taschenbier, der den Vorhang beiseitegeschoben und heimlich aus dem Fenster geblickt hatte, konnte kaum glauben, was er sah. Gerade hatte das Sams noch im dichten Schneegestöber gestanden. Nun war es plötzlich verschwunden. Als hätte es sich einfach in Luft aufgelöst.

In der Sams-Welt

In der Sams-Welt hatte niemand auf das Sams gewartet.
Einige Samse lagen auf der Wiese, hatten die Hände über dem dicken Bauch gefaltet und dösten vor sich hin. Andere waren dabei, große blau gepunktete Eier so aufzustellen, dass sie gut von der Sonne gewärmt und ausgebrütet werden konnten, andere zersägten gerade einen Kürbis in kleine mundgerechte Stücke. Der Rest hockte um das Übersams herum.
Die Samse waren ganz unterschiedlich gekleidet. Einige trugen einen Poncho, andere einen Kaftan, eines hatte Hosen aus Robbenfell an, ein anderes trug einen Sombrero-Hut mit breitem Rand. Dazwischen sah man Samse in ganz normalen Kleidern und einige wenige, die nackt waren.

Alle waren überrascht, als das Sams jetzt genauso schnell vor ihnen auftauchte, wie es aus der Menschenwelt verschwunden war.
Verwundert betrachteten sie die Schneereste, die das Sams noch auf den Haaren und den Schultern trug.

Schnee schienen die wenigsten der Samse zu kennen. Einige steckten den Finger in den Schnee, erschraken über dessen Kälte und leckten ihn dann vorsichtig ab. Noch mehr wunderten sie sich, dass er so schnell verschwand und zu Wasser wurde.

Das Übersams saß auf einem großen, blau gepunkteten Kürbis und betrachtete das ankommende Sams mit schief gehaltenem Kopf.

»Wie schön, da hat sich dieses Taschenbier-Sams tatsächlich die richtige Rugel – Rogel – äh, Regel gemerkt«, stellte das Übersams fest und strich sich mit dem kleinen Finger über den langen Rüssel mit den zwei Querfalten. »Und nun sagt es uns bestimmt, weshalb es sich mit einem »Trofos!« in unsere Welt zurückgewünscht hat!«

Alle Samse kamen neugierig näher und setzten sich im Kreis um das Sams und das Übersams.

Ein besonders kleines Sams, das wohl erst vor Kurzem aus dem Ei geschlüpft war, versuchte vergeblich, sich

durch die Sitzenden hindurchzuzwängen, musste hinter ihnen stehen bleiben und stellte sich auf die Fußspitzen, um mitzukriegen, was da vorne geschah.
»Es geht um das Weihnachtsfest«, fing das Sams an.
»Weihnachtsfest? Was für ein Fest? Weihnachtsfest gibt es gar nicht. Habt ihr schon mal was von so einem Fest gehört?«, fragten die Samse durcheinander.
»Meinst du das Gepunktete Kürbisfest?«, fragte ein Sams. »Oder das Blaue Wunschpunktfest?«
»Ich hätte mal eine Frage«, rief das kleine Sams von hinten und sprang dabei in die Höhe. »Wer ist fest?«
»Jetzt lasst doch mal das Mini-Sams dorch – äh – durch!«, befahl das Übersams.
»Ja, damit es weiter vorne seine dummen Fragen stellen kann«, sagte ein Sams, während es beiseiterückte, um dem Mini-Sams Platz zu machen.
»Wer ist fest?«, fragte das Mini-Sams noch einmal. »Der Kürbis?«
»Ich rede vom Weihnachtsfest«, sagte das Sams. »Das feiert mein Papa Taschenbier an Weihnachten.«
»Wie originell: Er feiert das Weihnachtsfest an Weihnachten!«, wiederholte das Übersams spöttisch. »Und nicht an Ostern?«
Damit hatte es verraten, dass es doch mehr von der Menschenwelt wusste, als es meistens zugab. Manche Samse erzählten, dass das Übersams auch mal einen

Menschen hatte. Einen schüchternen Oberbayern, der Angst vor Kühen hatte.
Das erklärte auch, weshalb das Übersams Lederhosen und einen Trachten-Janker trug.
»Ostern?«, fragte das Mini-Sams gleich. »Was ist Ostern?«
»Auch so ein Menschenfest«, sagte das Übersams. »Da kommt ein Hase, der Osterhase.«
»Hase? Was ist ein Hase?«, wollte das Mini-Sams wissen.
»Das ist ein Tier mit langen Uhren – äh – Ohren. Ich habe nie einen Osterhasen gesehen, nur davon gehört«, erzählte das Übersams. »Er legt Eier ...«
»Eier? Er legt Eier? Auch mit blauen Punkten? Wer brütet die dann aus?«, fragten die Samse durcheinander.
»Müsst ihr mich ständig unterbrechen!«, rief das Übersams ärgerlich. »Er legt Eier in die Osternester, die man für ihn bereitstullt – äh ...stellt. Die sind entweder aus Schokolade, oder sie sind farbig bemalt.«
»Die Nester?«, fragte das Mini-Sams.
»Nein, die Ostereier!«, sagte das Übersams. »Bunte, hart gekochte Eier!«
»Gekochte Eier? Die Menschen kochen die Eier?«, riefen einige Samse, die das wohl nicht wussten. »Hart gekocht?«

»Menschen schlüpfen nicht aus Eiern wie wir Samse«, beruhigte das Sams sie. »Sie kochen Vogeleier.«
»Vogeleierchen?«, fragte das Mini-Sams.
»Ja, von einem großen Vogel, einem Huhn«, sagte das Sams. »Jetzt hört endlich auf, von Ostern zu reden! Ich will mich mit euch nicht über Hühnereier unterhalten. Ihr sollt kommen und mit mir und meinem Papa Taschenbier Weihnachten feiern.«
Die Samse blickten unschlüssig vor sich hin. Sie schienen keine große Lust zu haben, die Sams-Welt zu verlassen.
»Es gibt einen selbst gemachten, hervorragenden, leckeren, köstlichen, appetitlichen, wenn nicht sogar schmackhaften Weihnachtssalat!«, verkündete das Sams.
»Mit angemalten Eiern?«, fragte das Mini-Sams.
»Nein. Mit Äpfeln, Nüssen und mit Würstchen!«
»Würstchen? Was für Würstchen? Wirklich mit Würstchen?«, rief ein Sams. »Würstchen!«
Es schien dieselben Essensvorlieben zu haben wie das Taschenbier-Sams. 
»Ja, mit echten Würstchen«, lockte das Sams. »Wer von euch hat Lust, einen Ausflug in die ...«
»Ich!«, schrie das Mini-Sams dazwischen und hüpfte dabei in die Höhe, obwohl es

gar nicht mehr über die anderen wegblicken musste.
»Ich! Ich!«
»Jetzt lass mich bitte erst mal ausreden!«, sagte das Sams streng. »Also: Wer hat Lust auf einen kleinen Ausflug in die Menschenwelt?«
Es meldeten sich nur das Mini-Sams und ein zweites Sams. An den aufgemalten Buchstaben auf dessen nacktem Bauch konnte man erkennen, dass es das Lehrer-Sams war. Die Samse nannten es das Pauker-Sams.
»Nur zwei von euch? Gerade habt ihr doch noch gejubelt, als ich von den Würstchen erzählt habe«, fragte das Sams. »Weshalb wollt ihr nicht mitkommen?«
»Es hätte mich gewundert, wenn sich ober... äh – überhaupt ein Sams gemeldet hätte«, sagte das Übersams. »Du weißt es doch auch: Alle Samse lieben ihre Sams Welt. Von dort können auch keine Würstchen sie weglocken. Am liebsten liegen sie faul herum und gehen nur in die Menschenwelt, wenn sie durch den Wochentagszauber gezwungen werden.«
Alle Samse nickten bestätigend. Nur das Mini-Sams hatte wohl noch nichts von diesem Zauber gehört.
»Ich hätte da mal eine Frage«, fing es an. »Was ist das für ein Zauber?«
»Wenn zum Beispiel am Sonntag die Sonne scheint, am Montag ein Herr Mon zu einem Menschen kommt, der am Dienstag Dienst hat ...«, begann das Sams.

Das Mini-Sams unterbrach es: »Ach, *das* meinst du. Weiß doch jeder! Dann kommt am Samstag ein Sams zu einem Menschen und muss am nächsten Samstag von dem wieder weggehen.«
Das Übersams sagte: »Gut gelernt! Genau so ist die Rogel – äh – Regel.«
Es wandte sich an das Sams: »Die allermeisten hier hatten schon mal einen Menschen, genau wie du. Aber die sind alle pünktlich am Samstag zurück in die Sams-Welt gekommen. Nicht so widerspenstig wie du. Du willst wohl ewig bei deinem Taschenbär – äh – Taschenbier bleiben?«
»Ja, genau das will ich. Und zwar für immer«, sagte das Sams.
»Das kann ich nicht verstehen. Allen Samsen gefällt es hier voll – äh – vahl – viel besser. Die wollen nicht noch mal in die Menschenwelt. War schön dort. Aber hier ist es noch schöner.«
Es zeigte auf ein Sams, das vor ihm saß: »Erzähl doch mal, wie es in der Menschenwelt gewesen ist!«
Das Sams trug eine weiße Jacke und hatte auf dem Kopf eine hohe Kochmütze. Es schien gerne von seinem Menschen zu erzählen.
»Ich war bei einem Koch, der Angst vor Zwiebeln hatte«, fing es an. »Wenn er eine Zwiebel sah, flüchtete er in die entfernteste Ecke der Küche. Der hat mir

dann diese Jacke gekauft. Man muss ja was zum Anziehen haben bei den Menschen.«
»Stimmt«, bestätigte das Sams. »Deswegen habe ich auch einen Taucheranzug. Und wie ging's bei dir weiter?«
»An dem Samstag, als ich ging, hat er dann seine erste Zwiebel geschält«, erzählte es stolz. »Er hatte kaum noch Angst davor.«
Das schien die anderen Samse anzuspornen, auch von ihren Erfolgen bei den Menschen zu erzählen:
»Ich war bei einem Jungen in China, der Angst vor seinem Spiegelbild hatte. Immer, wenn er sich im Spiegel sah, verkroch er sich unter den Tisch!«
»Ich war bei einem Eskimo, der sich vor Schnee fürchtete und nicht mehr aus seinem Iglu kam, wenn es schneite.« (Das war das Sams in der Robbenfell-Hose.)
»Ich war bei einem Bürgermeister in Nordfrankreich, der Angst hatte, der Himmel würde ihm auf den Kopf fallen!«
»Ich war bei einem Mädchen in Amerika, das hatte Angst vor Erdnussbutter!«
»Ich war bei einem schüchternen Unterfranken ...«
Das Übersams unterbrach die Aufzählung all der Schüchternheiten und Ängste, mit de-

nen sich die Samse herumgeschlagen hatten, indem es sehr laut »Genug jetzt!« rief.
Das Mini-Sams hatte gespannt zugehört.
»Ich will auch zu einem Menschen!«, quengelte es.
»Da wirst du erst noch ein bisschen wuchsen – äh – wachsen müssen«, sagte das Übersams.
»Kriegt man bei diesem Weihnachten auch Geschenke wie beim Gepunkteten Kürbisfest?«, fragte eines der Samse.
»Wie soll ich es sagen ...«, fing das Sams zögernd an. »Eigentlich erwartet man von den Gästen, dass *sie* Geschenke mitbringen.«
»Ostereier?«, fragte das Mini-Sams.
»Ich glaube, eher Lebkuchen und Schokolade und so was Ähnliches«, sagte das Sams. »Genau weiß ich es auch nicht. Es ist nämlich mein erstes Menschen-Weihnachtsfest.«
»Leberkuchen?«, fragte das Mini-Sams.
»Lebkuchen«, verbesserte das Sams. »Das sind kleine, süße Mandelkuchen.«
»Wo sollen wir denn kleine, süße Mandelkuchen hernehmen?«, sagten die Samse ratlos.
»Darf ich mal etwas ausprobieren?«, fragte das Sams. »Im Gegensatz zu mir habt ihr ja alle noch Wunschpunkte im Gesicht.«

»Ja? Und?«, fragten die Samse.
»Ich wünsche, dass hier vor mir ein Kürbis liegt!«
Fast im selben Augenblick türmte sich vor dem Sams ein so hoher Berg von Kürbissen auf, dass es kaum darüber wegschauen konnte.
»Was soll das denn?«, fragte das Sams. »Ich habe mir doch *einen* Kürbis gewünscht!«
»Ja, aber so laut, dass es alle Samse gehört haben. Jetzt haben alle einen Wunschpunkt weniger«, sagte das Übersams ärgerlich. »Du hast wohl noch nie etwas von der Sams-Regel Nummer eins gehört, der Aber... äh – Ober... Überregel: Ein höfliches Sams wünscht nicht mit den Punkten seiner Mit-Samse!«
»Das habe ich wohl vergessen«, entschuldigte sich das Sams. »Tut mir leid! Dann wird es wohl nichts mit den Geschenken.«
»Keine Geschenke? Keine Geschenke? Keine Ostereier?«, quengelte das Mini-Sams. »Ich will aber welche! Ich will Ostereier haben.«
»Hast du nicht verstanden?«, sagte das Sams. »Du solltest Lebkuchen verschenken, nicht aufessen.«
»Warum?«, fragte das Mini-Sams.
»Weil die Menschen an Weihnachten Geschenke bekommen«, sagte das Sams. Ihm schien ein Gedanke zu kommen. Es grinste. »Wenn das Pauker-Sams ohne Geschenke kommt ...«

»Wenn wir *zwei* Samse kommen!«, rief das Mini-Sams. »Nie zählst du mich mit! Nie, nie, nie!«
»Ja, schon gut. Jetzt lass mich mal ausreden!« Es wandte sich an das Übersams: »Wenn die zwei Samse ganz ohne Geschenke zu Besuch kommen, werden die Menschen denken, wir Samse seien geizig! Willst du das etwa?«
»Eine raffinierte Frage«, antwortete das Übersams, fasste den rechten großen Zeh mit der linken und den linken großen Zeh mit der rechten Hand. »Lass mich nachdenken!«
Alle schwiegen, wie immer, wenn das Übersams seine Nachdenk-Haltung einnahm. Sogar das Mini-Sams hörte auf zu plappern.
Schließlich ließ das Übersams seine Fußzehen los und sagte: »Nun gut. Dann dürfen die zwei Samse jeweils drei Wunschpunkte in die Menschenwelt mitnähen – äh – mitnehmen. Drei Punkte, nicht mehr! Und jeder darf sich damit Geschenke wünschen.«
»Jeder? Nicht nur ich?«, fragte das Sams.
»Ich sagte: Jeder! Du hast mich genau verstanden!«
»Danke für die Punkte! Danke!«, das Sams freute sich.
»Es geht los zu den Menschen!«, rief das Mini-Sams. »Trofos!«, und noch einmal: »Trofos! – Warum bin ich denn noch hier?«
»Moment, Moment!«, rief das Sams. »Ihr sollt jetzt

noch gar nicht zu meinem Papa Taschenbier kommen. Erst an Weihnachten! Das ist in zwei Tagen!«
»Außerdem wünscht man sich mit *Trofos* aus der Menschenwelt zurück, nicht hinein«, sagte das Übersams. »Du hast wohl das Sams-Regel-Buch nicht richtig gelesen!«
»Ich kann ja noch gar nicht lesen«, verteidigte sich das Mini-Sams. 
»Noch nicht lesen?« Das Übersams blickte vorwurfsvoll zum Pauker-Sams. Es blickte schuldbewusst zu Boden und sagte: »Ja, wir sind, genau genommen, erst bei meinen Bauch-Buchstaben. Die Buchstaben auf meinem Rücken kommen sozusagen erst nächste Woche dran. Versprochen!«
Das Sams blickte das Pauker-Sams nachdenklich an. »Du wirst ein bisschen merkwürdig wirken in der Menschenwelt. So, wie du aussiehst. Hast du keinen Anzug oder so was?«
»Genau genommen, habe ich keinen«, gab das Pauker-Sams zu.
Das Übersams mischte sich ein. »Gut, dann wird dieses Pauker-Sams so einen Taucheranzug anhoben – äh ...haben wie das Taschenbier-Sams, wenn es zu den Menschen kommt. Es soll nicht so aussehen, als hätten wir Samse keine Kleider.«

»Das ist sozusagen eine gute Idee«, freute sich das Pauker-Sams.
»Wie willst du das denn schaffen?«, fragte das Sams.
»Das überlass nur mir«, sagte das Übersams. »Ich kenn da ein paar Tracks – äh – Tricks. Schließlich bin ich kein gewöhnliches Sams!«
Das Mini-Sams wollte wissen: »Mit welchem Spruch kommt man denn in die Menschenwelt?«
»Man wünscht sich nicht in die Menschenwelt«, sagte das Übersams. »Man wird von dort angefordert.«
»Angefordert?«, fragte das Mini-Sams.
»Ja. Es müssen zwei Bedingungen erfoll... äh – erfüllt sein«, begann das Übersams. »Der Wochentagszauber muss genau stimmen. Sonntags Sonne, am Montag Herr Mon ...«
»Und die zweite Bedingung?«, unterbrach das Mini-Sams.
»... der, zu dem ein Sams kommt, muss ein freundlicher, aber schüchterner Mensch sein!«
»Warum?«
»Weil solche Menschen ein Sams brauchen. Besonders ein so freches wie dieses Taschenbier-Sams hier.«
»Heißt das, ich muss jetzt hierbleiben?«, fragte das Sams entsetzt. »Keine von deinen zwei Bedingungen stimmt! In der Menschenwelt ist heute Sonntag, aber es scheint keine Sonne. Es schneit! Und morgen, am

Montag, kommt Herr Mon vielleicht gar nicht zu Besuch.«
»Tja, Poch – äh – Pech!« Das Übersams grinste.
»Ich will aber zurück zu meinem Papa Taschenbier!«, rief das Sams.
Das Übersams fuhr sich einmal und noch einmal mit dem Finger über den langen Rüssel. Schließlich sagte es: »Na gut. Ich mache eine Ausnahme. Es gibt einen Spruch, der hier noch nie benutzt wurde und der auch nicht im Sams-Regel-Buch steht.«
»Wie geht der? Wie heißt der?«, fragte das Sams aufgeregt.
»Ich kann dir den Spruch nicht sagen, sonst lande ich in der Menschenwelt«, antwortete das Übersams. »Weil der Spruch sofort bei dem wirkt, der ihn laut ausspricht. Ich will aber gar nicht zu deinem Papa Taschenbär – äh ...bier.«
»Schreib ihn bitte auf, dann können die beiden ihn am Weihnachtstag ablesen und starten«, schlug das Sams vor
»Das ist, genau genommen, eine gute Idee!«, fand das Pauker-Sams.
»Ich kann doch noch nicht lesen!«, rief das Mini-Sams.
»Hab ich doch gesagt!«
Das Übersams überlegte. Dann hatte es eine Idee. »Wisst ihr eigentlich, was *Trofos* bedeutet?«, fragte es.

Alle Samse schüttelten den Kopf.
»Keiner von euch?« Das Übersams wunderte sich. »Der Sprach – äh – Spruch sagt aus, wie und wann man in die Sams-Welt zurück möchte. Sprecht das Wort doch mal rückwärts aus!«
»Ach so! Jetzt verstehe ich! Genau!«, riefen die Samse durcheinander.
»Und der Spruch, mit dem man in die Menschenwelt will, heißt ›Eilig, eilig‹. Aber von hinten gelesen. Ihr müsst die beiden Wurter – äh – Wörter nur rückwärts aussprechen, und schon landet ihr in der Menschenwelt!«
»Ich verstehe!«, rief das Sams. »Du hast bestimmt nichts dagegen, wenn ich einen Kürbis mitnehme?«
»Meinetwegen auch zwei«, sagte das Übersams. Es grinste dabei. »Sonst denken die Menschen, die Samse seien geizig!«
»Danke«, sagte das Sams, rief laut »Gilie, gilie!« und war im nächsten Augenblick aus der Sams-Welt verschwunden.

Herr Taschenbier war unruhig im Zimmer auf und ab gegangen, nachdem das Sams so plötzlich verschwunden war. Immer wieder ging er zum Fenster und blickte hinaus. Plötzlich stutzte er, rieb seine Brille blank und schaute verblüfft nach draußen. Das Sams stand an derselben Stelle, von der es verschwunden war, und hatte zwei Kürbisse unter dem Arm.

»Wo, um Himmels willen, bist du gewesen?«, fragte Herr Taschenbier, als das Sams zurück ins Zimmer kam.

»Siehst du doch!«, antwortete das Sams. »Ich habe zwei Kürbisse besorgt für unsere Kürbissuppe heute Abend.«

»Kürbissuppe?«, fragte Herr Taschenbier.

»Ja, mit Würstchen«, sagte das Sams. »Außerdem habe ich Weihnachtsgäste für dich eingeladen.«

»Weihnachtsgäste?«, fragte Herr Taschenbier.

»Ja, sie kommen aber erst am Weihnachtsabend«, sagte das Sams.

»Sagst du mir auch, wer da kommt?«, fragte Herr Taschenbier.

»Nein. Sonst wäre es ja keine Überraschung«, sagte das Sams. »Schluss mit Fragen. Jetzt lass uns endlich weitermachen mit dem Weihnachtssalat! Damit wir ihn an Weihnachten gut durchgezogen haben.«

Der Weihnachtsabend

Es war nachmittags gegen drei Uhr. Herr Taschenbier und das Sams saßen am Tisch, tranken Himbeertee und aßen von den selbst gebackenen Plätzchen.

»Ich freue mich schon auf heute Abend«, sagte Herr Taschenbier. »Es wird bestimmt eine kleine, aber schöne, gemütliche Weihnachtsfeier. Onkel Mon hat versprochen, dass er sein Saxofon mitbringt.«

Das Sams hörte auf, an einem Keks in Würstchenform zu knabbern, und fragte aufgeregt: »Heute Abend? Du hast doch gesagt: Morgen habe ich frei, das ist der erste Weihnachtsfeiertag!«

»Das stimmt ja auch«, bestätigte Herr Taschenbier. »Weihnachten feiert man aber am Abend vorher. Daher der Name Weihnachts*abend*.«

»Das hab ich nicht gewusst«, rief das Sams, stand hektisch auf und rannte aus der Tür.

»Wo willst du hin?«, rief Herr Taschenbier ihm nach.

»Muss noch was erledigen«, rief es zurück.

Da Herr Taschenbier am Tisch sitzen blieb und diesmal nicht aus dem Fenster schaute, sah er nicht, wie draußen das Sams einfach verschwand, nachdem es »Trofos!« gerufen hatte.

»Du schon wieder?«, fragte das Übersams, als das Sams in der Sams-Welt auftauchte. »Hast du dich endlich entschlossen, doch zuröck... äh – zurückzukommen?«
»Nein, hab ich nicht«, antwortete das Sams. »Wo sind denn das Pauker-Sams und das Mini-Sams?«
»Hat du nach mich gerufen?«, fragte eine Stimme hinter ihm. Sie klang undeutlich. Kein Wunder: Das Mini-Sams hatte beim Sprechen den Daumen nicht aus dem Mund genommen.
»Hör auf, am Daumen zu lutschen. Hör mir lieber gut zu«, sagte das Sams. »Ihr sollt nicht morgen zu meinem Papa Taschenbier kommen, sondern schon heute Abend.«
»Heut Abend. Söön!« Das Mini-Sams hatte immer noch den Daumen im Mund.
»Hast du das Pauker-Sams gesehen?«, fragte das Sams.
»Ja, hab ich«, antwortete das Mini-Sams.
»Und du sagst mir bestimmt auch, wo du es gesehen hast!«
»Es steht ganz dahinten mit einem Spiegel in der Hand.« Nun hatte es den Daumen endlich aus dem

Mund genommen und war besser zu verstehen. »Es betrachtet sich immerzu, weil es so stolz auf seinen Taucheranzug ist.«
Das Sams rannte zu ihm hin.
»Achtung: Alles ist anders!«, rief es schon während des Laufens. »Weihnachten wird schon heute Abend gefeiert. Ihr sollt nicht erst morgen kommen.«
»Das ist, genau genommen, eine gute Nachricht«, sagte das Pauker-Sams. »Dann muss ich nicht so lange warten. Wie findest du meinen Taucheranzug?«
»Der steht dir sehr gut, genau genommen«, sagte das Sams grinsend. »Also dann bis heute Abend bei Taschenbier!«
Und mit einem »Gilie, gilie« war es schon aus der Sams-Welt verschwunden.

»Wo warst du denn?«, fragte Herr Taschenbier, als das Sams zurückkam und sich wieder zu ihm an den Tisch setzte.
»Ach, nur so ein kleiner Ausflug«, antwortete das Sams.
»Kleiner Ausflug, aha«, sagte Herr Taschenbier, fragte aber nicht weiter nach. »Wenn du das nächste Mal ausfliegst, ziehst du besser deinen Bärenfell-Anzug an. Es ist kalt draußen.«
»Da, wo ich war, ist es nicht kalt«, behauptete das Sams.
»Aha«, machte Herr Taschenbier noch einmal.

Gegen fünf holte Herr Taschenbier zusammen mit dem Sams den Christbaum von draußen.
Frau Rotkohl stand im Flur, als sie an ihr vorbeigingen. »Der Baum hat ein bisschen zu lange im Freien gestanden. Er fängt schon an zu nadeln«, sagte sie zu Herrn Taschenbier. »Er wird Ihnen bald das ganze Zimmer vollgenadelt haben. Geschieht Ihnen recht mit Ihrem Weihnachts-Getue!«
Das Sams lachte sie an und sang:

»Oh Tannenbaum, oh Tannenbaum,
sehr frisch siehst du nicht aus.
Bestimmt wirst du bald nadeln,
stehst du erst mal im Haus.«

»Egal. Er ist trotzdem sehr schön gerade gewachsen«, sagte Herr Taschenbier. »Dann brauche ich Sie wohl nicht zu fragen, ob Sie mit uns Weihnachten feiern wollen?«
»Das haben Sie richtig erkannt«, antwortete sie.
Gemeinsam trugen Herr Taschenbier und das Sams den Baum in Taschenbiers Zimmer und stellten ihn in den Christbaumständer.
»Sieht gut aus!«, sagte er zufrieden. »Hol mal die Weihnachtskugeln dort aus dem Schrank!«
Sie fingen an, erst Kugeln an den Baum zu hängen

und dann die elektrische Lichterkette um ihn herumzuschlingen.
»Jetzt machen wir erst mal Schluss«, sagte Herr Taschenbier nach einer Weile. »Wie ich meinen Freund Mon kenne, will er auch beim Dekorieren mitmachen. Jetzt decken wir den Tisch!«
Eine neue weiße Tischdecke ohne rote Punkte wurde ausgebreitet.
Herr Taschenbier stellte die große Schüssel mit dem Weihnachtssalat in die Mitte und außen herum drei Teller.
Das Sams schüttelte den Kopf. »Drei Teller reichen nie und nimmer!«, behauptete es.
»Wieso? Herr Mon, du und ich«, zählte Herr Taschenbier auf. Er lachte. »Oder habe ich mich etwa verrechnet?«
»Ja, hast du!«
»Ich ahne, was du denkst. Meinst du wirklich, wir sollten einen vierten Teller für Frau Rotkohl dazustellen?«
»Dann bräuchten wir allerdings nicht fünf, sondern sechs Teller. Wenn du jetzt fragst, weshalb, sage ich nur: *Weihnachtsüberraschung!*«
»Du kannst ja tatsächlich mal rübergehen zu Frau Rotkohl und sie fragen, ob sie nicht doch mit uns feiern will.«
»Ja, mache ich!« Das Sams ging aus der Tür.

Gleichzeitig sagte eine Sams-Stimme: »Da bin ich sozusagen genauestens gelandet!«
Herr Taschenbier drehte sich verblüfft um: Hinter ihm stand das Sams.
»Bist du nicht gerade hinausgegangen?«, fragte Herr Taschenbier verwirrt.
»Genau genommen, bin ich nicht *hinaus*gegangen, sondern sozusagen *herein*gekommen«, sagte das Sams.
»Ich verstehe überhaupt nichts. Gar nichts!«
»Du verstehst es nicht?«, fragte das Sams. »Ich erkläre es dir: Wenn jemand aus einem Zimmer geht, ist er hinausgegangen. Wenn er sozusagen in einem Zimmer erscheint, ist er gekommen.«
Herr Taschenbier wurde ärgerlich. »Du musst mir nicht erklären, was hinein und was heraus ist!«, rief er. »Du bist nicht mein Lehrer!«

»Nicht *dein* Lehrer, aber *ein* Lehrer, sozusagen«, behauptete das Sams.
»Wie bitte?«, fragte Herr Taschenbier. »Was meinst du damit?«

Das Sams gab keine Antwort auf die Frage, sondern sagte: »Ich habe dir einen Kürbis mitgebracht, sozusagen als Geschenk. Damit du nicht meinst, wir Samse seien geizig.«

Es legte einen kleinen, blau gepunkteten Kürbis vor Herrn Taschenbier auf den Tisch. Herr Taschenbier nahm ihn in die Hand und betrachtete ihn kopfschüttelnd.

»Wo hast du den so schnell hergezaubert?«, fragte er. »Und warum sprichst du auf einmal so seltsam?«

»Seltsam?«, wunderte sich das Sams. »Genau genommen, habe ich schon immer so gesprochen.«

In diesem Moment kam das echte Sams zurück. »Frau Rotkohl sitzt vor dem Fernseher und hat keine Lust auf Weihnachtsfeierlichkeiten, hat sie gesagt. Sie will ...«

Es hielt inne, denn jetzt hatte es das Pauker-Sams entdeckt. »Du bist geradezu überpünktlich gekommen«, sagte es und fügte grinsend hinzu: »Genau genommen!«

Herr Taschenbier blickte von einem zum andern. »Jetzt verstehe ich überhaupt nichts mehr. Ich könnte allerdings auch sagen: Jetzt verstehe ich endlich. Ihr seid zu zweit!«

»Genauestens genau«, bestätigte das Sams. »Das ist

mein erstes Weihnachtsgeschenk: Weihnachtsgast Nummer eins. Nummer zwei sollte auch schon hier sein.« Es wandte sich an das Pauker-Sams: »Wo ist denn das Mini-Sams geblieben?«
»Genau genommen, ist es mit mir gestartet«, antwortete das Pauker-Sams. »Ich weiß nicht, wo es geblieben ist und wann es kommt.«
In diesem Moment klingelte die Wohnungsglocke.
»Ah, es klingelt ganz höflich an der Haustür«, sagte das Sams.
Aber es war Herr Mon, der mit einem fröhlichen »Gesegnete Weihnachten allerseits« hereinkam, sein Saxofon unter dem Arm.
»Nanu?«, wunderte er sich. »Sehe ich doppelt? Da sitzen zwei Samse, wenn ich richtig zähle.«
»Schön, dass du schon bis zwei zählen kannst, Onkel Mon«, sagte das Sams lachend. »Mein Papa Taschenbier hat sich Weihnachtsgäste gewünscht. Der erste Gast ist schon angekommen.«
»Ist das erstaunlich? Ja, das ist es«, sagte Herr Mon. »Ein zweites Sams! Hast du gewusst, Taschenbier, dass es nicht nur dein Sams gibt?«
»Nein, ich bin genauso überrascht wie du!«, rief er.
»Bald wirst du noch überraschender überrascht sein«, sagte das Sams. »Gewissermaßen oberübergerascht.«

Frau Rotkohl saß derweil in ihrem Wohnzimmer auf dem Sofa und schaltete von einem Fernsehsender in den nächsten.

»Immer nur diese ›Glocken, die süßer nie klingen‹ und ›Ihr Kinderlein kommet‹! Es ist nicht auszuhalten«, schimpfte sie halblaut vor sich hin.

Plötzlich sagte eine Stimme hinter ihr: »Ich hätte da mal eine Frage.«

Sie fuhr herum. Hinter ihr stand ein kleines Sams. Es war halb so groß wie das Sams, das sie kannte, das Sams von Herrn Taschenbier. Sie war verblüfft. Weshalb hatte sie nicht mitgekriegt, wie es in ihr Zimmer gekommen war?

»Wer bist du denn?«, fragte sie.
»Bist du etwa der kleine Bruder von Taschenbiers Sams?«

Das Mini-Sams beantwortete ihre Frage nicht, sondern stellte selbst eine Frage: »Bist du Herr Taschenbier?«
Frau Rotkohl wusste nicht, ob sie lachen oder sich ärgern sollte.
»Du stellst vielleicht dumme Fragen!«, sagte sie. »Seh ich etwa aus wie ein Mann?«
»Das weiß ich nicht, weil ich noch nie einen Mann gesehen habe«, antwortete das Mini-Sams. »Ich bin zum ersten Mal hier.«
»Mein Name ist Rotkohl. *Frau* Rotkohl«, sagte sie.
»Aber hier soll doch eine Weihnachtsfeier sein«, beschwerte sich das Mini-Sams. »Wo sind denn die Lebkuchen? Warum feierst du nicht? Wo ist denn das Taschenbier-Sams?«
»Das findest du genau gegenüber. Da wohnt Herr Taschenbier. In der Einlieger-Wohnung.«
»Was wird denn da eingelegt?«
»Da wird nichts eingelegt. So nennt man eine Mini-Wohnung in einer großen. In meiner also«, erklärte sie ihm.
»Mini-Wohnung? Die passt zu mir. Zu mir sagen alle ›Mini-Sams‹.«
»Wer sagt das?«
»Die anderen Samse.«
»Die anderen Samse? Nicht dass jetzt deine ganze Familie nachkommt!«

»Die kommt nicht nach, weil ich keine Familie habe«, sagte das Mini-Sams.
»Hast du auch keine? Genau wie ich«, sagte Frau Rotkohl. Und nach einer kleinen Pause: »Das ist vielleicht der Grund, warum ich Weihnachten nicht mag.«
»Erzähl doch mal!«, forderte das Mini-Sams sie auf und setzte sich einfach neben sie aufs Sofa. Sie hatte wohl nichts dagegen und gab ihm sogar eines ihrer Kissen ab.
»Was soll ich erzählen?«, fragte sie.
»Warum du Weihnachten nicht magst.«
Sie zögerte. Sie überlegte wohl, ob sie diesem kleinen Sams, das keine Familie hatte, wirklich ihre eigene Geschichte erzählen sollte.
»Erzähl doch mal!«, wiederholte das Mini-Sams.
»Als ich ein Kind war, kaum größer als du, sind meine Eltern bei einem Autounfall gestorben«, fing sie an.
»Was ist denn ein Auto?«, fragte das Mini-Sams.
»Das tut jetzt wirklich nichts zur Sache!«, sagte sie, fast ein wenig unwillig. »Jedenfalls kam ich danach in eine Pflegefamilie.«
»Wie schön!«
»Von wegen schön! Die hatten nämlich ein eigenes Kind und vier Pflegekinder. Mich und drei andere.«
»So viele Pflegekinder. Das war lieb«, sagte das Mini-Sams.

»Das war überhaupt nicht lieb. Die Pflegekinder hatten sie nur angenommen, weil sie dafür Geld bekamen. Uns haben sie nicht gut behandelt. An Weihnachten war es besonders schlimm. Das eigene Kind bekam Berge von Geschenken. Wir Pflegekinder mussten ein Weihnachtsgedicht aufsagen und bekamen als Geschenk einen Kalender. Einmal wusste ich beim Gedicht-Aufsagen nicht weiter, bekam nicht mal den Kalender und musste ohne Geschenk ins Bett gehen.«
»So eine gemeine Gemeinheit!«, schimpfte das Mini-Sams. »Ohne Geschenk! Weißt du was: Ich schenke dir eines!«
Frau Rotkohl musste lachen.
»Du Knirps schenkst mir was? Du hast doch gar nichts dabei?«
»Guck mal in mein Gesicht!«, forderte das Mini-Sams sie auf. »Was siehst du da?«
»Zwei große blaue Punkte links und rechts von deiner Rüsselnase«, sagte sie. »Nein, drei! Neben dem Ohr ist ja auch noch einer.«
»Genauestens genau«, bestätigte das Mini-Sams. »Das sind oberspezielle Spezialpunkte. Deswegen sind sie auch so groß. Damit darf nämlich jeder wünschen. Nicht nur Herr Taschenbier und sein Sams.«

»Was soll ich mir denn wünschen? Wie soll das gehen?« Sie schien nicht recht an die Wunschpunkte zu glauben.
»Du sollst dir ein Weihnachtsgeschenk wünschen, was denn sonst? Was möchtest du am allerliebsten?«
»Als Kind hätte ich immer gerne eine große Puppe gehabt. Mit einem roten Kleid und schwarzen Haaren.«
»Aber dafür bist du jetzt zu alt«, vermutete das Mini-Sams.
»Für so einen Wunsch ist man nie zu alt«, sagte sie.
»Na gut. Dann wünsch sie dir, die Puppe!«
Frau Rotkohl blickte das kleine Sams zweifelnd an. Machte es sich etwa lustig über sie?
»Ich glaube nicht an deine ›Spezialpunkte‹. Aber ich kann es ja ausprobieren: Ich hätte gerne die Puppe, die ich mir als Kind immer gewünscht habe.«
Natürlich geschah nichts. Frau Rotkohl sagte: »Du hast mich reingelegt. Das war ganz gemein.«
»Du musst es doch anders sagen!«, rief das Mini-Sams. »Du musst es wünschen.«
»Wie denn?«
»Ich wün-sche«, sagte ihr das Mini-Sams vor.
Sie blickte das Mini-Sams zweifelnd an. Sie wollte nicht noch einmal enttäuscht werden.
»Mach schon!«, befahl das Mini-Sams. »Ich wünsche ...«

»Ich wünsche mir die Puppe, die ich als Kind so gerne gehabt hätte«, sagte sie.
Fast im selben Augenblick saß zwischen ihr und dem Mini-Sams eine Puppe in einem roten Kleid und mit schwarzen Haaren. Ihr Kopf war nicht aus Plastik, sondern aus edlem Porzellan.
»Sie hat sogar Zöpfe! Wie ich es mir immer vorgestellt hatte! Du kannst wirklich Wünsche erfüllen.«
»Sag ich doch!«, bestätigte stolz das Mini-Sams.

Drüben aus dem Taschenbier-Zimmer ertönte Saxofon-Musik. Herr Mon stand neben dem Weihnachtsbaum und spielte Weihnachtslieder.
Herr Taschenbier und die beiden Samse lauschten begeistert.
Es hatte ein bisschen gedauert, bis sich Mon und Taschenbier an den weihnachtlichen Sams-Besuch gewöhnt hatten.
Aber nachdem sie gemeinsam den Weihnachtsbaum mit noch mehr Kugeln, gläsernen Vögeln, Tannenzapfen und Lametta-Fäden verziert und die Lichterkette zum Leuchten gebracht hatten, fanden sie es fast selbstverständlich, dass ihnen jetzt ein zweites Sams dabei half.

Herr Taschenbier knipste das Deckenlicht aus. Jetzt leuchtete nur noch die Lichterkette am Baum und tauchte das Zimmer in ein goldfarbenes Licht. »Ist das nicht gemütlich?«, sagte er begeistert.
»Ja, das ist es«, bestätigte Herr Mon. »Und sehr festlich.«
Er hatte inzwischen aufgehört zu spielen und stand mit Taschenbier, dem Sams und dem Pauker-Sams um den strahlenden Christbaum herum.
»Jetzt fehlt nur noch das Mini-Sams«, sagte das Sams. »Wo es nur bleibt?«
»Es ist sozusagen verloren gegangen«, stellte das Pauker-Sams fest. »Gibt es hier in der Stadt noch jemand, der Taschenbier heißt?«
»Nein.« Das Sams schüttelte den Kopf.
»Mini-Sams?« Herr Taschenbier wurde hellhörig. »Es kommen doch nicht etwa noch mehr Samse?«
»Wieso? Du hast dir doch Weihnachtsgäste gewünscht!«, sagte das Sams. »Aber ich kann dich beruhigen: Es kommt nur noch eines. Schließlich habe ich fünf Teller aufgedeckt.«
»Weil wir gerade von Tellern sprechen: Dein Weihnachtssalat sieht sehr verlockend aus, Taschenbier. Sollten wir vielleicht langsam anfangen zu essen? Ja, das sollten wir.«
»Nein, das sollten wir noch nicht«, widersprach Herr

Taschenbier. »Erstens haben wir zu Hause immer erst Weihnachtslieder gesungen, bevor wir mit dem Essen anfingen ...«

»Und zweitens?«, fragte Herr Mon.
»Und zweitens gehören Würstchen dazu, hat Papa Taschenbier versprochen. Und die sind noch gar nicht warm gemacht«, sagte das Sams.
»Genau!«, bestätigte Herr Taschenbier.

»Und jetzt werdet ihr gleich staunen!«, kündigte das Sams an. »Was du und Onkel Mon nämlich noch nicht wisst: Die drei Punkte im Gesicht vom Pauker-Sams sind Wunschpunkte!«
»Pauker-Sams?«, fragte Herr Mon.
»Ja, so nennt man mich, genau genommen«, bestätigte das zweite Sams.

»Wunschpunkte?«, fragte Herr Taschenbier. »Und wer darf damit wünschen?«
»Jeder, der einen Wunsch hat, sozusagen«, sagte das Pauker-Sams.
»Und einen davon werde ich jetzt verwenden«, kündigte das Sams an. »Achtung: Ich wünsche, dass statt der Lichterkette eine Würstchenkette am Baum hängt!«

Im selben Moment wurde es stockdunkel im Zimmer. Denn die Lichterkette war die einzige Beleuchtung gewesen.

Und in diese Dunkelheit hinein sagte plötzlich eine helle Stimme: »Ich hätte da mal eine Frage!«
»Das Mini-Sams!«, riefen das Taschenbier-Sams und das Pauker-Sams fast gleichzeitig.
»Ich wünsche, dass es hier im Zimmer hell ist«, sagte Herr Taschenbier. Das war natürlich eine gewaltige Wunschpunkt-Verschwendung.
Sofort ging die Deckenbeleuchtung an, und jetzt sahen alle, wer gesprochen hatte.
In der offenen Tür stand das Mini-Sams. Aber nicht genug damit: Es stand da Hand in Hand mit Frau Rotkohl.
»Ich hätte da mal eine Frage«, wiederholte sich das Mini-Sams. »Darf Frau Rotkohl mitfeiern?«
Frau Rotkohl sagte schnell: »Aber nur, wenn es keine Umstände macht.«
»Umstände? Nein, macht es ganz und gar nicht!«, rief Herr Mon. »Wie schön, dass Sie sich dazu entschlossen haben!«
»Eigentlich hat es dieses kleine Sams da beschlossen«, sagte sie.
Auch Herr Taschenbier freute sich: »Das ist vielleicht eine Überraschung!«, sagte er. »Natürlich dürfen Sie mitfeiern. Sogar sehr gerne.«
Das Sams sagte nichts, stellte aber einen sechsten Teller auf den Tisch. Zum Zeichen, dass es auch einverstanden war.

Frau Rotkohl in ihrer praktischen Art merkte sofort, dass jetzt zwar sechs Teller auf dem Tisch standen, aber um den Tisch nur fünf Stühle.
»Ich geh schnell zu mir hinüber und hole noch ’nen Stuhl«, sagte sie.
Das Sams blickte das Mini-Sams kopfschüttelnd an und fragte: »Warum kommst du erst jetzt? Wo bist du gewesen?«
Aber das Mini-Sams antwortete nicht, sondern schrie auf und rannte aus dem Zimmer.
»Ist das vielleicht schnell beleidigt!«, sagte das Sams. »So vorwurfsvoll war meine Frage doch wirklich nicht.«
Das Pauker-Sams sagte: »Ich seh mal nach!«, und ging aus dem Zimmer. Gleich darauf kam es wieder herein. »Das Mini-Sams traut sich nicht rein. Weil hier drinnen angeblich ein gefährliches, wildes Tier ist, vor dem es sich sozusagen fürchtet.«
»Wildes Tier?« Herr Taschenbier war ratlos. Er blickte Herrn Mon an: »Ob es vielleicht dich meint?«
»Na, hör mal! Ist das eine Beleidigung?«, rief Herr Mon. »Ja, das ist eine!«
»Entschuldige, Mon«, sagte Herr Taschenbier schnell. »Ich dachte, weil du doch als Einziger hier einen Bart hast und etwas wilde Haare.«
»Wilde Haare, aha!«, sagte Herr Mon gekränkt.

Das Sams lachte. »Hört auf zu streiten! Ich weiß, wovor sich das Mini-Sams fürchtet.«
Es zeigte auf den Bärenkopf, der immer noch auf dem Kühlschrank lag, den Rachen weit aufgerissen, holte ihn herunter und ging mit ihm in den Flur. Von draußen kam erst noch ein Schreckensschrei, dann ein lautes Lachen. Gleich darauf kam ein Mini-Bär herein.
Das Sams hatte dem Mini-Sams den Bärenkopf aufgesetzt.
Inzwischen war auch Frau Rotkohl mit einem Stuhl zurückgekommen.
Alle wollten sich um den Tisch setzen, aber Herr Taschenbier hielt sie zurück. »Ich muss doch erst die Würstchen warm machen«, sagte er. »Außerdem fände ich es schön, wenn wir vorher wenigstens *ein* Weihnachtslied singen.«
Es zeigte sich schnell, dass die Würstchen nicht ausreichen würden. Schließlich hatte Herr Taschenbier mit drei Essern gerechnet, jetzt waren es sechs. Aber das Sams erlaubte großmütig, dass einige seiner gewünschten Würstchen vom Baum gepflückt werden durften, und das Singen des Weihnachtsliedes konnte beginnen.
Da die Samse kein einziges Weihnachtslied kannten, sagte ihnen Herr Mon erst mal den ganzen Text auf. Dann begannen alle:

»Sti-ille Nacht, hei-lige Nacht,
alles schläft, ein-sam wacht ...«

»Halt! Moment mal!«, unterbrach Herr Taschenbier den Gesang. »Irgendwas klingt falsch!«
»Das kleine Sams sollte vielleicht den Bärenkopf abnehmen«, schlug Herr Mon vor. »Dann klingt es weniger dumpf.«
Das Mini-Sams nahm den Bärenkopf ab und legte ihn auf einen Stuhl. Nun begannen alle noch einmal von vorne.
Herr Taschenbier unterbrach schon wieder den Gesang. »Könnten die drei Samse bitte mal alleine singen? Irgendwas klingt nicht richtig!«

Die drei Samse sangen aus voller Kehle:

»Sti-ille Nacht, hei-lige Nacht,
alles schläft, ein Sams wacht ...«

»Na, da haben wir ja den Fehler: Ein Sams wacht!«, sagte er.
»Stimmt!«, bestätigte das Sams. Es wandte sich an seine Mit-Samse. »Habt ihr kapiert, was falsch ist?«
Das Pauker-Sams und das Mini-Sams nickten.
Das Sams befahl: »Gut! Dann fangen wir noch einmal an!«
Aber das Lied wurde nicht besser, eher wunderlicher. Denn jetzt sangen die Samse:

»Sti-ille Nacht, hei-lige Nacht,
alles schläft, drei Samse wachen ...«

Herr Mon bekam einen Lachanfall. Selbst Frau Rotkohl lächelte.
Völlig entnervt rief Herr Taschenbier: »Ein-sam wacht! Es heißt ein-sam wacht!«
»Na gut«, sagte das Sams. »Obwohl ich nicht weiß, wer dieser Sam ist, der da wacht.«
Und nun wurde das Lied endlich ohne weitere Unterbrechungen und Verbesserungen zu Ende gesungen.

»Das war wirklich schön«, sagte Herr Taschenbier danach. »Nun sollten wir aber erst mal klären, wie das mit den Wunschpunkten ist. Das Sams behauptet, jeder kann damit wünschen. Stimmt das?«
»Stimmt genauestens genau«, bestätigte das Sams. »Jedes Gast-Sams hat drei Wunschpunkte mitgebracht. Zwei vom Pauker-Sams sind verbraucht worden. Wir haben also noch einen Pauker-Sams-Wunschpunkt und drei vom Mini-Sams. Vier Wünsche sind noch frei.«
»Drei«, verbesserte das Mini-Sams. »Einen Wunschpunkt von mir habe ich schon Frau Rotkohl geschenkt.«
»Unser Sams hier hat sich schon seinen Weihnachtswunsch erfüllt: eine Würstchenkette«, fuhr Herr Taschenbier fort. »Fehlt noch unser Freund Mon. Was hast du denn für einen Weihnachtswunsch?«
»Da muss ich erst mal nachdenken«, sagte der. »Ja, das muss ich.«
»Dann mach mal!«, drängte das Sams. Es hatte gesehen, dass die Würstchen im Topf inzwischen heiß geworden waren, und konnte es kaum erwarten, sich an den Tisch zu setzen und mit dem Essen zu beginnen.
Das Mini-Sams und das Pauker-Sams schauten Herrn Mon erwartungsvoll an.
»Auf dem Weg hierher habe ich mir fast die Ohren ab-

gefroren«, sagte er schließlich. »Eine warme Fellmütze wäre fein. Natürlich kein echtes Tierfell. Aber schön wollig-fellig soll sie sein. Ja, das soll sie.«

»Ein sehr bescheidener Wunsch«, sagte Herr Taschenbier. »Willst du dir nicht etwas Größeres, Besseres wünschen?«

Aber da hatte Herr Mon schon »Ich wünsche mir eine warme Fellmütze« gesagt und hatte sie im nächsten Moment auf dem Kopf.

»Steht dir gut«, stellte das Sams fest. »Die würde auch gut zu meinem Bärenfell-Anzug passen.«

»Nun bist du dran!«, sagte Herr Mon zu Herrn Taschenbier. »Zwei Punkte sind noch frei.«

»Es gibt etwas, das habe ich mir schon lange mal gewünscht«, sagte er. »Aber es ist mir zu peinlich, ehrlich gesagt.«

Das Sams hatte einen Ratschlag. »Dann wünsche doch, dass das Peinliche in einem Karton ankommt, dann kann es keiner von uns sehen!«

»Eine sehr gute, eine ausgezeichnete Idee!«, sagte Herr Taschenbier. Er konzentrierte sich. »Ich darf keinen Fehler machen. Es ist der vorletzte Punkt!«

»Ja, genau, Papa! Denk daran, wie oft du schon ungenau gewünscht hast!«, sagte das Sams.

Herr Taschenbier holte tief Luft und sagte dann: »Ich wünsche, dass das, was ich mir schon immer ge-

wünscht habe, hier in einem Geschenkkarton vor mir steht!«
Im selben Augenblick stand vor seinen Füßen ein farbiger, mit goldenen Sternen verzierter Karton. Herr Taschenbier bückte sich, hob ihn auf, öffnete den Deckel einen Spalt weit und spähte hinein. »Genau richtig! Bestens!«, rief er begeistert und schloss den Deckel. Dann ging er mit dem Karton zu seinem Kleiderschrank, öffnete die Tür und schob den Karton unten hinein.
»So, nun wird es Zeit für das Weihnachtsessen!«, sagte er dann, während er den Schrank sorgfältig abschloss, den Schlüssel sogar zweimal drehte, bevor er ihn dann abzog und in die Hosentasche steckte.
Gleich darauf saßen alle um den Tisch. In der Mitte stand die große, hohe Schüssel mit dem Weihnachtssalat, daneben eine zweite, flache, bis zum Rand gefüllt mit Würstchen. Auch ein Schälchen mit Senf war vorhanden.
Herr Taschenbier begann: »Ich bin sicher: Mein Weihnachtssalat wird euch ...«, wurde aber sofort vom Sams unterbrochen: »*Unser* Weihnachtssalat!«
»Stimmt! Mein Sams hat fleißig mitgeholfen«, verbesserte er sich. »Lasst euch also unseren Weihnachtssalat schmecken. Ich wünsche guten Appetit!«
»Guten Appetit!«, wiederholte Frau Rotkohl und nahm sich vier Würstchen auf einmal.

»Maaaahlzeit!«, rief Herr Mon und schaufelte gleich drei Löffel voll Weihnachtssalat auf seinen Teller. Alle begannen sofort, hektisch zu speisen. Auch die drei Samse schaufelten sich den Salat mit großer Eile in den Mund.

»Schmeckt sozusagen besser als jedes Kürbisgericht«, lobte das Pauker-Sams und schob schon wieder einen Esslöffel voll Weihnachtssalat in sich hinein. Mit vollem Mund nuschelte das Mini-Sams: »Smeckt sehr söööön gut!«
Herr Taschenbier blickte verblüfft auf seine schmatzende Tischgesellschaft.
Dann ging ihm ein Licht auf: »Natürlich! Ich habe ja guten Appetit *gewünscht*. Das war ein Wunsch!«
»Tja, jetzt sind alle Wunschpunkte verbraucht«, stellte das Sams fest. »Ist aber nicht schlimm. Schließlich hat jeder sein Weihnachtsgeschenk bekommen.«

Nach dem Essen blieben alle noch ein wenig am Tisch sitzen und unterhielten sich. Herr Mon spielte dazwischen immer mal wieder ein Weihnachtslied wie »Oh, Tannenbaum« oder »Vom Himmel hoch« auf dem Saxofon.

Als Herr Taschenbier dann einen selbst gebrauten Weihnachtspunsch ausgeschenkt hatte, wurden die Lieder etwas weniger weihnachtlich.
Besonders gut kam bei allen der Titel »Rock Around the Clock« an. Frau Rotkohl, die in der Schule Englisch gehabt hatte, übersetzte ihn den Samsen mit »Ein Rock rund um die Uhr«.
Herr Mon war von seiner Fellmütze so begeistert, dass er sie kein einziges Mal abgenommen hatte. Selbst beim Saxofonspielen hatte er sie aufbehalten.
Nun nahm er sie endlich ab und betrachtete sie noch einmal von allen Seiten.
»Eine sehr schöne Mütze«, stellte er fest, bevor er sie wieder aufsetzte.
»Die kann ich jetzt gut gebrauchen, denn es ist heute sehr kalt draußen. Es ist schon nach Mitternacht. Höchste Zeit, dass ich gehe. Taschenbier, lieber Freund, ich danke noch mal für den schönen Abend und das gute Essen. Das Saxofon lasse ich hier stehen und hole es gelegentlich ab. Es würde bei dieser Kälte draußen nur einfrieren.«
Er schüttelte Frau Rotkohl die Hand und hielt sie lange fest. »Wiedersehen, Frau Rotkohl. Schön, dass Sie mit uns gefeiert haben. Wiedersehen, ihr Samse!«
Damit ging er.

Frau Rotkohl sagte: »Ja, ich werde jetzt hinübergehen zu mir. Auch ich danke!«
Sie bestand aber darauf, dass sie das schmutzige Geschirr mit hinüber in ihre Küche nahm. »Morgen früh bekommen Sie die Teller gespült und abgetrocknet zurück«, sagte sie zu Herrn Taschenbier. »Das ist mein Dankeschön.«
Sie nahm den ganzen Tellerstapel in die Hände. »Auf, Sams!«, befahl sie dann. »Du kannst ruhig ein wenig mithelfen! Du trägst die Schüsseln mit hinüber in meine Küche!«
Das Sams folgte ihr. Als es an der offenen Wohnzimmertür vorbeikam, blieb es kurz stehen. »Eine schöne Puppe, die da auf Ihrem Sofa sitzt!«, sagte es.
»Ja, die bleibt da jetzt sitzen«, sagte sie. »Ist doch ein schöner Schmuck!«
Als das Sams zurück ins Zimmer kam, waren das Mini-Sams und das Pauker-Sams gerade dabei, sich von Herrn Taschenbier zu verabschieden.
»Halt! Nicht dass ihr einfach wegverschwindet!«, rief das Sams. »Ich will euch doch etwas mitgeben.«
Aus dem Küchenschrank holte es eine dicke Tüte voller selbst gebackener Plätzchen, die es wohl für diesen Zweck zurückgelegt hatte.
»Hier, das ist für euch!«, sagte es. »Und hier für das Mini-Sams noch extra eine Packung mit ›Leberku-

chen‹.« Es lachte. »Damit die Samse nicht denken, die Menschen seien geizig.«

Die beiden Samse machten sich gar nicht die Mühe, vors Haus zu gehen und heimlich zu verschwinden. Mit einem zweifachen »Trofos!« verschwanden sie aus Taschenbiers Zimmer.

»Und nun ist es auch für uns höchste Zeit, schlafen zu gehen«, sagte Herr Taschenbier.

»Ja, allerhöchste Zeit«, bestätigte das Sams, pflückte noch ein Würstchen vom Christbaum und nahm es mit sich. »Falls ich nachts aufwache und Hunger bekomme!«

Ein kurzer Nachtrag

Am nächsten Morgen, dem ersten Weihnachtsfeiertag, saßen Herr Taschenbier und das Sams bei einem späten Frühstück.
Die Sonne stand schon hoch und malte einen viereckigen Lichtfleck auf das Tischtuch.
Herr Taschenbier hatte sich nicht die Mühe gemacht, in sein Hemd oder in die Hose zu schlüpfen. Er saß im Morgenmantel am Tisch, vor sich eine übergroße Kaffeetasse.
»Besser hätte es gestern nicht laufen können«, sagte er zum Sams, während er sich warme Milch in den Kaffee goss. »Alles perfekt. Das Essen, die Gäste, die Geschenke. Und dass sogar Frau Rotkohl dabei war, hat mich am meisten überrascht. Ich könnte fast sagen: Es war der schönste Weihnachtsabend, den ich erlebt habe.«

»Ich habe auch noch nie einen schöneren erlebt«, sagte das Sams.
»Wirklich?«
»Ja, wirklich, Papa.« Das Sams musste lachen. »Weil es doch mein erster überhaupt war.«

ENDE

Leseprobe aus:

Eine Woche voller Samstage

Am Donnerstag wachte Herr Taschenbier von allein auf.

»Nanu«, sagte er. »Weder Weckerklingeln noch Sams-singen?« Er blinzelte nach der Uhr und stellte fest, dass es schon elf war.

»Hätte ich denn singen sollen?«, fragte das Sams. Es hatte Herrn Taschenbiers Gürtel an der Vorhang stange festgebunden und schaukelte daran hin und her.

»Natürlich nicht.« Herr Taschenbier gähnte und reckte sich. »Ich fühle mich richtig schön ausgeschlafen.«

»Hab ich mir gedacht«, sagte das Sams schaukelnd. »Ich habe ganz leise gespielt.«

Herr Taschenbier schaute ihm eine ganze Weile zu. Es war schon wieder ein Stück größer geworden. Außerdem schien das Waschen Erfolg zu haben: Von den blauen Flecken war kaum noch etwas zu sehen. Herr Taschenbier gähnte noch einmal und fragte dann: »Was wollen wir denn heute unternehmen?«

»Vielleicht könnten wir der Rotkohl Wasser in die Schuhe kippen. Oder wir holen uns Käsekugeln und spielen in der Küche Fußball«, schlug das Sams vor. »Dann könnten wir auch noch ein Seil vom Schrank zur Lampe spannen und Seiltanzen üben. Wozu hättest du denn Lust?«

»Ich wüsste schon, was ich am liebsten täte«, sagte Herr Taschenbier und rekelte sich. »Aber das geht nicht.«

»Was wäre das?«, forschte das Sams.

»Am liebsten würde ich einmal einen ganzen Tag im Bett verbringen und überhaupt nichts tun. Höchstens lesen.«

»Und warum soll das nicht gehen?«, fragte das Sams. »Du hast doch heute frei.«

»Na ja, das macht man halt nicht«, versuchte Herr Taschenbier zu erklären. »Stell dir vor, Frau Rotkohl kommt ins Zimmer und ich liege noch im Bett. Was denkt die dann wohl?«

»Was soll die schon denken?«, sagte das Sams. »Vielleicht: Morgen ist Freitag. Oder: Gestern war Mittwoch. Und selbst wenn sie denken würde: Herr

Taschenbier liegt noch im Bett – was ist denn schon dabei?«
»Ich hätte wahrscheinlich den ganzen Tag ein schlechtes Gewissen.«
»Ein schlechtes Gewissen!«, äffte das Sams nach. »Ich könnte drei Tage im Bett liegen und hätte keines. Höchstens Langeweile. Du hast es nur noch nie versucht. Heute bleibst du im Bett, Schluss, aus, abgemacht.«
»Und was soll ich essen?«, fragte Herr Taschenbier.
»Essen?«, wiederholte das Sams. »Du hast gesagt, du willst höchstens lesen.«
»Ich habe aber Hunger.«
»Na gut, du bekommst etwas zu essen«, stimmte das Sams zu. »Aber du musst im Bett bleiben. Ich werde es besorgen.«
»Dort in der Hosentasche findest du Geld. Du kannst zu einer Würstchenbude gehen und mir ein paar Knackwürste mit Brot kaufen«, sagte Herr Taschenbier, dem die Idee allmählich Spaß machte. »Ich hebe

dich aus dem Fenster, dann kaufst du ein und anschließend ziehe ich dich wieder herein. Die Rotkohl soll nicht merken, dass du immer noch da bist.«

»Das kommt nicht in Frage«, sagte das Sams. »Wenn du einen Tag im Bett bleiben willst, musst du es auch wirklich streng einhalten. Du darfst nicht zwischendurch aufstehen, um mich aus dem Fenster zu heben.«

»Und wie willst du dann hinauskommen?«

»Ich klettere hinaus.«

»Und wie kommst du herein? Du kannst doch nicht allein hochklettern, wenn du das ganze Essen in der Hand hast.«

»Ich will ja gar nicht hinein.«

»So, so. Ich soll wohl hungern.«

»Wieso hungern?«, fragte das Sams. »Ich muss schließlich nicht hinein, sondern das Essen.«

»Also muss ich doch aufstehen, um dir die Knackwurst abzunehmen«, lachte Herr Taschenbier.

»Du bleibst im Bett!«, befahl das Sams. »Das Essen wird schon raufkommen.«

»Wie soll es denn ins Zimmer gelangen, wenn du es nicht raufbringen kannst und ich es nicht holen darf?«, fragte Herr Taschenbier.

»Dafür sorgt die KBA«, erklärte das Sams.
»Die KBA? Was ist denn das?«
»Die Knackwurst-Bring-Anlage«, übersetzte das Sams.
»So ein Unsinn«, sagte Herr Taschenbier. »Wo ist denn hier eine KBA?«
»Noch ist keine da. Aber schließlich hast du ja ein Sams im Haus«, erklärte es stolz und schlich aus dem Zimmer, ehe Herr Taschenbier weiterfragen konnte.

Bühne frei für das Sams – neu illustriert

Paul Maar
Eine Woche voller Samstage (farbig)
176 Seiten · Ab 8 Jahren
ISBN 978-3-7891-0815-0

Illustrationen: Nina Dulleck

Wie aus dem Nichts taucht an einem Samstag ein eigenartiges Wesen mit roten Haaren, Trommelbauch und blauen Punkten im Gesicht bei Herrn Taschenbier auf: das Sams. Es ist laut, frech, singt Lieder und reimt von früh bis spät. Lauter Dinge, die Herr Taschenbier eigentlich gar nicht mag. Und dennoch haben die beiden eine Woche lang richtig viel Spaß zusammen ... Der Kinderklassiker wurde von Paul Maar behutsam modernisiert und von Nina Dulleck mit wunderbar witzigen Bildern illustriert.

Weitere Informationen unter:
www.dassams.de, **www.oetinger-media.de** und **www.oetinger.de**